데모니쿠스

괴테의 메피스토펠레스, 밀턴의 사탄, 루터의 마귀, 그리고 솔로몬의 72 악마

Demonicus

데모니쿠스

데이비드 매슨 외 지음 | 김성균 옮김

우물이 있는집

번역자 서문

인문교양서와 인문학술서 사이의 어디쯤에 위치할 수 있는 이 책은 서양의 악마들을 문화, 철학, 문학, 주술의 관점에서 고찰한 여러 문헌의 번역집이다. 문헌들의 출처는 다음과 같다.

제1부는 스코틀랜드 에든버러 대학교 수사학 및 영어문학과 교수를 역임한 문학평론가이자 역사학자인 데이비드 매슨(David Masson, 1822~ 1907)의 저서 《세 악마: 루터의 악마, 밀턴의 악마, 괴테의 악마(The Three Devils: Luther's, Milton's, and Goethe's with Other Essays)》(London: Macmillan and Co., 1874, pp. 1~60)에 수록된 〈세 악마: 루터의 악마, 밀턴의 악마, 괴테의 악마(The Three Devils: Luther's, Milton's, and Goethe's)〉이다.

제2부는 독일계 미국 작가이자 철학자, 비교종교학자인 파울 카루스(Paul Carus, 1852~1919)의 저서 《악마와 악개념의 역사: 고대부터 현재까지(The History of the Devil and the Idea of Evil: form the Earliest Times to the Present)》(Chicago: The Open Court Publishing Company, 1899, pp. 338~359)에)에 수록된 〈종교개혁시대(The Age of

Reformation)〉라는 단원의 2/3분량에 해당한다.

제3부 제1장은 미국 일리노이(Illinois) 스탠퍼드 대학교에서 교수를 역임했고 《잉글랜드, 독일 문헌학 저널(The Journal of English and Germanic Philology)》의 편집주간을 역임한 율리우스 괴벨(Julius Goebel,1857~1931)이 《미국 문언학회 회보(Transactions and Pro-ceedings of the American Philological Association)》(Vol. XXXV, The Johns Hopkins University Press, 1904, pp. 148~156)에 게재한 〈메피스토펠레스의 어원(The Etymology of Mephistopheles)〉이다.

제3부 제2장은 미국의 철학자이자 정치인인 찰스 몬터규 베이크웰(Charles Montague Bakewell, 1867~1957)이 편찬한 스코틀랜드 출신 미국 철학자 토머스 데이비슨(Thomas Davidson, 1840~1900)의 강의록 《괴테의 파우스트의 철학(The Philosophy of Goethe's Faust)》(Ginn & Company: 1906, pp. 1~22)에 수록된 제1장 〈파우스트의 충동(The Faust Motive)〉이고, 제3장은 데이비슨의 《괴테의 파우스트의 철학》(pp. 23~40)에 수록된 제2장 〈활동하는 메피스토펠레스(Mephis-topheles at Work)〉이다.

제4부 제1장은 잉글랜드 오컬트학자(occultist) · 공연마술사 · 시인 · 화가 · 소설가 앨리스터 크로울리(Aleister Crowley, 1875~1947)가 1904년에 편찬한 신원미상 저자의 《솔로몬 왕의 악마소환주술서 고

에티아(The Book of The Goetia of Solomon the King)》에서 발췌된 소환주술사 및 주술동심원과 관련된 내용들의 요약본이고, 제2장은 같은 책에 수록된 〈72악마의 명단(Shemhamphorash; Shem HaMe-phorash)〉이다. 《고에티아(Goetia)》라고 약칭되는 《솔로몬 왕의 악마소환주술서 고에티아》는 악마소환주술서(惡魔召喚呪術書)[1]이고, 17세기 중엽에 취합되어 편찬된 15세기 필사본들의 집대성본이다. 《솔로몬의 작은 열쇠(The Lesser Key of Solomon)》, 《레메게톤 클라비쿨라 솔로모니스(Lemegeton Clavicula Salomonis)》, 《레메게톤(Lemegeton)》이라고도 지칭되는 이 책에 수록된 72악마의 명단은 네덜란드 의사이자 오컬트학자, 악마학자인 요한 베예르(Johann Weyer; 요한네스 비에르; Johannes Wier; 요안네스 비에루스; Ioannes Wierus; 피스키나리우스; Piscinarius, 1515~1588)가 1563년에 처음 펴냈다가 1577년에 다시 펴낸 《악마들의 속임수(De praestigiis daemonum)》의 부록 〈악마들의 거짓왕국(Pseudomonarchia Daemonum)〉에 거명된 69악마에서 유래했다는 학설이 유력하다.

---

1) 【grimoire: 이 낱말은 일본어로는 "마법서(魔法書)"나 "마도서(魔道書)"라고 번역된다.】

차례

제1부 서양의 3대 악마: 사탄, 메피스토펠레스, 마귀

제2부 종교개혁 시대의 악마들

제1부

서양의 3대 악마:

사탄, 메피스토펠레스, 마귀

제1장

서론

루터, 밀턴, 괴테.[1] 이 세 이름이 나란히 놓이면 무척 신기하게 보인다. 그러나 이들 세 위인의 이름들이 연계되면 우리의 관심을 사로잡는 흥미로운 효과를 발휘할 수 있다. 왜냐면 세 위인은 저마다 악(惡)의 원리(Principle of Evil)를 나름대로 표현했고, 그렇게 표현된 악의 세 가지 원리는 각각 다른 방식으로 세 위인을 대표하기 때문이다. 세 위인은 저주받은 중대한 존재를 각각 특유하게 표현

---

1) 【이 세 사람은 한국의 독자들에게도 대체로 유명하겠지만, 이들의 정확한 성명과 생몰연대는 충분히 인식되지 않았을 수 있으므로 간략히 소개되어도 좋을 성싶다. 루터는 서구의 이른바 종교개혁으로 통칭되는 기독교개혁을 주동하여 프로테스탄트교(Protestantism:개신교)를 태동시킨 독일의 기독교 신학자이자 성직자인 마르틴 루터(Martin Luther, 1483~1546)이고, 밀턴은 잉글랜드 시인이자 학자인 존 밀턴(John Milton, 1608~1674)이며, 괴테는 독일의 문인이자 정치인, 과학자인 요한 볼프강 폰 괴테(Johann Wolfgang von Goethe, 1749~1832)이다.】

하는 유명한 개념을 남겼다. 그런 존재의 기능은 인간사(人間事)에
집요하게 개입하여 작용하면서 악을 산출하는 것이었다.

　세 위인 중 가장 먼저 활동한 루터의 가장 현저한 특징은 저주
받은 중대한 존재를 확신해 마지않은 굉장히 성실한 신심(信心)이
다. 루터의 확신은 다음과 같이 요약될 수 있다. 첫째, 악을 산출하
는 악한 존재는 실제로 현존한다. 둘째, 그런 존재는 인류의 공적
(公敵)이다. 셋째, 그런 존재의 특별한 목적은 루터의 생시에 루터
의 운동을 저지하고, 이왕이면, "그(루터)의 영혼에서 신의 은총을
박탈하는" 것이다. 루터가 인식한 그런 존재의 정확한 개념은 루터
의 삶과 저작들에서 취재될 수 있다. 그리고 우리는 밀턴의 사탄[2]

---

2) 【Satan: 유다교와 기독교에서 악마의 대명사로 인식되는 사탄은 루키페르와 동일시된다. "빛
을 가져오는 자" 또는 "샛별(금성; 金星; Venus)"을 뜻하는 고유명사 루키페르(Lucifer; 루치
페르)는 "빛"을 뜻하는 라튬어(라티움어; Latium語; 라틴어; Latin) 룩스(lux)와 "가져오다"
를 뜻하는 라튬어 페레(ferre)의 합성어이다. 영어로는 루시퍼(루서퍼), 독일어로는 루치퍼
(Luzifer), 프랑스어로는 뤼시페르(Lucifer)라고 발음된다. 루키페르와 상통하는 그리스어 포
스포로스(Phosphoros), 헤오스포로스(Heosphoros), 에오스포로스(Eosphoros)는 새벽에
뜨는 아침샛별(계명성; 啓明星; 명성; 明星; 신성; 晨星; 서성; 曙星; 효성; 曉星)을 뜻하고, 그
리스어 헤스페로스(Hesperos)는 저녁에 뜨는 샛별(개밥바라기; 태백성; 太白星; 장경성; 長庚
星)을 뜻하는데, 개밥바라기의 라튬어(라틴어)는 베스페르(Vesper)이다. 서양에서 루키페르가
악마 사탄과 동일시된 사연은 다음과 같이 요약될 수 있다.
　기독교 구약경전《이사야(Isaiah)》제14장 제12절에서 유다교(유태족; 유대족)은 자신들을 탄
압하고 괴롭힌 바빌로니아(Babylonia) 왕을 가리켜 "너는 어찌하여 하늘에서 추락했는가, 오,
샛별이여, 새벽의 아들이여! 한때 우리의 동족들을 짓밟아대던 네가 어찌 땅바닥에 꼬꾸라졌느
냐!"라고 질타하면서 '추락한 샛별(헬랄Helal)'에 비유한다. 이 샛별은 1611년에 완간된 킹 제
임스 판(King James Version: KJV) 기독교 경전에서 마침내 '루키페르'라고 표기된다. 그리
고 기독교 신약경전《루가(Luke) 복음서》제10장 제18절에서는 예수가 "하늘에서 번개처럼 번
쩍이며 추락하는 사탄을 봤다"고 말한다. 요컨대, 유다교와 기독교의 관점에서 루키페르는 애초
에 "유다족을 탄압한 바빌로니아 왕"에 비유되었고 훗날에 "번개처럼 번쩍이며 추락하는 사탄"

을 고찰한 다음에 괴테의 메피스토펠레스를 고찰할 것이다.

악의 원리를 재현하는 사탄, 메피스토펠레스, 마귀(魔鬼: 토이펠: Teufel: 악마: Devil)는 혼동될 수도 없을뿐더러 셋 중 어느 하나가 다른 어느 것으로 잠시나마 오인될 수도 없다. 동일한 것의 세 가지 중대한 개념들이 서로 다를 수 있듯이, 세 악마의 개념들도 서로 다를 수 있다. 그렇다면 세 악마의 특색과 차이점을 탐구하는 작업도 유익하지 않겠는가? 지금까지 특히 밀턴의 사탄과 괴테의 메피스토펠레스를 막연하게 대치시켜 대조하는 작업은 누누이 시도되었다. 왜냐면 여태껏 괴테의 메피스토펠레스를 설명하려고 시도한 모든 사람은 반드시 밀턴의 사탄과 관련된 것이면 무엇이든 언급해야만 했기 때문이다. 하물며 사탄과 메피스토펠레스의 차이도 아직 결코 충분하게 해명되지 않았다.

그래서 밀턴의 사탄과 괴테의 메피스토펠레스를 루터의 마귀와 함께 총괄하여 고찰하는 작업은 더욱 흥미로울 수 있다. 물론 여기서 내가 신학적 논의를 아예 시도조차 하지 않는다고 미리 강조해야 할 필요는 거의 없을 것이다. 우리의 목적은 오직 악의 원리를 매우 인상적으로 예시하는 세 도식(圖式)을 비교하는 것일 따

에 비유되면서 악마의 호칭으로 사용되기 시작했던 것이다. 그때부터 루키페르는 '원래 천국에서 천사들을 이끌던 대천사(大天使)나 천사장(天使長)이었지만 타락하여 신의 권좌를 넘보다가 지상으로 쫓겨나 추락한 타락천사이자 사탄으로서 마침내 지상과 지옥의 모든 악(惡)과 모든 악마를 부리고 수호하는 마왕(魔王)이나 대마왕(大魔王)이 되었다'는 전설마저 걸쳐 입고 문학작품들과 예술작품들에 등장하기 시작했다.】

름이다. 그런 세 도식 중 하나는 경험적 도식이고 다른 둘은 시적 (詩的) 도식들이다.

앞 단락의 마지막 문장은 단번에 인지될 수 있는 한 가지 가능성을 나타낸다. 그것은 악의 원리를 인식한 루터의 개념이 밀턴의 개념 및 괴테의 개념과 근본적으로 구별될 수 있을 가능성이다. 이들 세 개념을 공통적으로 뒷받침한 근거는, 당연하게도, 악을 산출하는 특별한 기능을 수행하는 존재의 현존을 널리 알린 기독교 경전의 구절들이었다. 루터는 기독교 경전에 기록된 쉼표마저 포함한 모든 것을 철두철미하게 확신했으므로 악마를 묘사한 구절들도 당연히 확신해 마지않았다. 루터는 자신의 악과 타인들의 악을 두루 경험했다. 그런 모든 경험은 기독교 경전에 기록된 악마와 관련된 구절들의 진실성을 검증하려는 루터의 노력으로 구체화되었다. 만약 루터가 기독교 경전에 기록된 악마의 개념을 모르면서 그런 노력을 개시했다면, 루터는 자신의 경험들을 다른 여느 방식으로도 표현하기 어렵게 만드는 난관을 맞닥뜨릴 수밖에 없었을 것이고, 그런 경험들은 어쩌면 그토록 인상적인 효과나 그토록 루터스러운(Luther-like) 효과를 거의 발휘하지 못했을 것이다.

밀턴도 사탄의 개념을 구성하는 요소들을 기독교 경전에서 차용했다. 기독교 경전에 기록된 타락천사(墮落天使: Fallen Angel)는 밀턴의 장편서사시 《잃어버린 낙원》[3]의 주인공이다. 이 서사시에서 발견되는 지극히 인상적인 특징들 중 하나는 신학자의 주장들을 고스란히 복창하면서 뜨겁게 흥분하는 시인의 장대한 상상력이다. 비록 괴테의 메피스토펠레스가 밀턴의 사탄이나 루터의 마귀보다 기독교 경전을 더 적게 반영한다는 사실은 확실하지만, 메피스토펠레스도 다른 두 악마와 마찬가지로 전통적 악마의 특징들을 반영한다.

그래서 세 위인은 두 가지 특징을 공유한다. 첫째, 그들은 악을 산출하는 기능을 수행하는 저주받은 존재의 현존을 보도한 기독교 경전의 구절들을 근거로 삼았다. 둘째, 그들은 기독교 경전에 기록된 그런 존재를 묘사한 구절들을 다소라도 차용했다.

그런데 우리가 이미 암시했듯이, 루터가 확신한 그런 존재의 개념이 한 범주에 속한다면, 밀턴과 괴테가 인식한 그런 존재의 개념들은 다른 범주에 속한다. 루터의 마귀는 전기(傳記)에 기록된 현상이다. 밀턴의 사탄과 괴테의 메피스토펠레스는 문학의 소산들이다. 루터는 자신의 개인적 경험을 이용하여 자신의 생각대로 기독교 경전의 악한 존재(Evil Being)를 설명한다. 루터는 자신을 방해하려는 온갖 저항을 맞닥뜨렸고, 자신의 심중에서나 외부환경에서 발견한 신의 은총을 가로막는 온갖 방해요인을 직면했으며, 복음

---

3) 【《Paradise Lost》: 이 제목은 한국에서 여태껏 《실락원(실낙원; 失樂園)》이라고 번역되었는데, 중국과 일본에서도 《失樂園》이라고 번역된다.】

삽화는 잉글랜드 판화가 존 앤드류(John Andrew, 1815~1870), 프랑스 판화가 장 베스트(Jean Best, 1808~1879), 프랑스 판화가 이시도르 를루아르(Isidore Leloir, 1803~1881)가 1840년에 합작하여 재연한 판화 〈타락하기 이전의 천사장 루키페르〉이다. 이 판화의 원본은 중세 유럽 알자스(Alsace) 지방의 수녀 란슈베르크 헤라다(Herrad of Landsberg; 헤라다 란스베르겐시스Herrada Landsbergensis, 1130~1195)가 1168~1185년 편찬한 그림백과사전 《환희(歡喜)들의 정원(Hortus deliciarum)》에 수록된 삽화였지만 1870년에 스트라스부르(Strasbourg) 도서관에서 발생한 화재로 그림백과사전과 함께 소실되었다.

전도를 방해한 온갖 사건을 똑똑히 목격했다. 그리고 루터 시대의 교회에서는 갖가지 사악한 풍조나 분란마저 비일비재하게 돌발했다. 하지만 그런 와중에도 루터는 오히려 그런 모든 것에서 악마의 개념을 더욱 선연하게 간취했다. 이런 맥락에서 루터는 악마의 성격을 꿰뚫어보는 더욱 심오한 통찰력을 획득하느라 일평생 진력했다고 평가될 수 있을 것이다.

그런데 밀턴의 사탄과 괴테의 메피스토펠레스는 루터의 마귀와 다르게 시심(詩心)의 피조물들이다. 사탄은 서사시에 등장하고, 메피스토펠레스는 극시(劇詩)《파우스트(Faust)》에 등장한다. 자신이 인식한 악마의 개념을 기독교 경전에서 차용한 밀턴은 타락한 대천사(大天使)를 묘사하는 작업에 열중했다. 밀턴의 서사시에 묘사된 대천사는 창세 시대부터 존재했으면서도, 고유한 기능을 아직 확실히 수행하지 않지만, 하늘의 별에서 별로 여행하며 전능한 창조주를 상대로 전쟁을 벌이거나 거창한 보복을 획책하는 존재라고 가정될 수 있다.

기독교 경전에서 밀턴이 차용한 것과 동일한 장치를 시적(詩的)으로 차용한 괴테는 악령(Spirit of Evil)을 표현하는 작업에 열중했다. 창세 후에도 6,000년간 존재한 그 악령은 이제 별과 별 사이를 여행할 수 있는 이동능력을 상실했거나, 아니면 비록 현세에 개입하려고 투쟁하지는 못하지만, 혼잡한 도시를 배회하다가 발견하는 개인들의 심정을 조종하려는 자신의 충분히 이해된 기능을 집요하게 수행한다.

　밀턴의 시심은 사탄을 서사시의 주인공으로 만들었고, 괴테의 시심은 메피스토펠레스를 극시의 등장인물로 만들었다. 이런 단순한 사실 때문에, 우리가 사탄 혹은 메피스토펠레스와 관련된 신학적 의견들을 제시할 수 있는 한에서, 우리는 밀턴과 괴테 중 어느 누구도 루터만큼 악마의 존재를 확신했다고 말할 수는 없다. 그렇잖다면 다음과 같은 추정도 충분히 가능하다. 즉, 밀턴은 루터만큼 진지하게 악마의 존재를 믿었던 것일 수 있고, 괴테도 루터만큼 진지하게 악마의 존재를 믿었던 것일 수 있지만, 설령 그렇더라도 밀턴이 믿고 있었던 악마는 《잃어버린 낙원》의 사탄이 아니었을 수 있고, 괴테가 믿고 있었던 악마도 《파우스트》의 메피스토펠레스가 아니었을 수 있다는 것이다.

　그런데 밀턴은 '타락하여 저주받은 중대한 존재의 현존'을 노래하면서 과연 실제로 이를 믿었을까? 물론 우리는 이 의문의 답을 구하는 데 유용한 또 다른 인식 수단들을 보유하고 있다. 이런 맥락에서도 밀턴의 사탄과 괴테의 메피스토펠레스 중에 루터의 마귀를 더 빼닮은 것은 괴테의 메피스토펠레스가 확실하다. 요컨대, 메피스토펠레스는 '괴테가 살면서 실제로 관찰하고 경험한 인생과 인간사'의 많은 것을 표현한다. 물론 괴테는 악령의 현존을 믿지 않았고, 메피스토펠레스를 대단히 심오한 생각들을 종합하여 표현하는 수단으로 삼았다.

그러나 이 사실들도 '전기적 사실로 확신되는 루터의 마귀'와 '두 가지 문학적 성과로서 평가되는 밀턴의 사탄과 괴테의 메피스토펠레스'를 구분하고 있는 근본 차이를 없애지 못한다. 만약 우리가 이런 근본 차이를 기준으로 감히 다음과 같이 요약할 수 있다면 아마 진실에 근접할 수도 있을 것이다. 즉, 기독교 경전에 묘사된 악령의 현존과 활동을 확신한 루터의 신심은 그런 악령의 현존과 활동을 똑같이 확신한 다른 여느 인간의 신심만큼이나 강력했다. 루터는 타인들의 모든 개인적 악행에서 드러난 그런 악령의 작용을 인식하곤 했다. 그리고 루터는 특히 그런 악령이 루터 자신과 일대일로 맞대결하는 마귀라고 생각하곤 했다. 그래서 마치 자신과 중요한 관계를 맺은 타인의 성격을 상기하는 독특한 관념을 자신의 마음에 각인하는 사람처럼, 루터도 마귀를 상기하는 독특한 관념을 자신의 마음에 각인하기 시작했다. 이 관념의 정체는 루터의 저작들에서 취재될 수 있을 것이다.

그런 한편에서 기독교 경전의 등장인물을 서사시의 주인공으로 선택한 밀턴은 기독교 경전에 기록된 설화를 구현하려고 장대한 상상력을 발휘했다. 그래서 우리는 밀턴이 악마의 현존을 실제로 믿었다고 인식할 수도 있다. 밀턴의 이런 행보는 우리에게 인식된 밀턴의 성격과 일치한다. 그렇다면 밀턴의 서사시에 묘사된 굉장한 존재가 바로 밀턴이 현존한다고 믿었던 악마와 매우 흡사했을 것이라고 추정될 수 있다. 설령 그렇더라도 우리는, 대체로, 밀

턴이 일상생활에서조차 악마의 현존을 부단히 인식했음직한 인간
이었다고 평가하지는 말아야 한다.

그리고 밀턴처럼 괴테도 기독교 경전과 전설들에 묘사된 악마
의 특성을 차용하여 메피스토펠레스를 구상했지만, 괴테가 의도
한 메피스토펠레스의 문학적 효과는 밀턴이 의도한 사탄의 문학
적 효과와 달랐다. 메피스토펠레스는 괴테를 만나서 비로소 진정
한 알레고리[4]의 의미를 확실하게 획득했다. 왜냐면 괴테는 메피스
토펠레스가 근대문명의 악령을 상징하기를 기대했기 때문이다. 그
러나 괴테가 '악을 산출하는 초자연적 지성체(知性體)의 현존'을 실
제로 믿었는지 여부는 아무도 답할 수 없는 문제로 간주될 수 있
다. 그리고 설령 괴테가 그런 지성체의 현존을 믿었어도, 그런 지성
체가 메피스토펠레스였을 확률은 없다고 단언될 수 있다.

이 모든 것이 감안되면, 루터가 표현하는 악한 존재(Evil Being)
의 개념이 한 범주를 형성하고 밀턴과 괴테가 표현하는 악한 존재
의 개념들이 다른 범주를 형성하는 듯이 보인다. 그러면 나는 이
제부터 밀턴의 사탄을 먼저 고찰하고, 이어서 괴테의 메피스토펠
레스를 고찰한 다음에, 마지막으로 루터의 마귀를 고찰할 것이다.

---

4)【allegory: 특정한 주제를 유사한 다른 주제로써 암시하듯이 비유하면서 표현하는 이 수사법修
辭法은 우의법寓意法, 우화법寓話法, 풍유법諷喩法이라고 번역될 수 있다.】

제2장

밀턴의 사탄

밀턴은 《잃어버린 낙원》을 쓰면서 심대한 난관들을 극복해야만 했다. 그런 난관들은 다음과 같이 요약될 수 있다. 시인 밀턴은 먼저 초자연존재의 조건을 묘사하는 동시에 줄거리를 가진 이야기를 창작해야 했고, 천사들의 행실을 묘사하는 동시에 서로 연계되는 사건들을 창안해야 했다. 밀턴은 그런 초자연존재들을 단순한 사물들로나 현상들로 인식한 자신의 개념을 비교적 쉽게 유지할 수 있었다. 그러니까 밀턴이 그런 초자연존재들을, 예컨대, 공중에서 따로따로 날아다니는 거대하고 시커먼 유령들처럼 보이도록 묘사하거나, 아니면, 대치한 두 군단에 소속하여 서로를 노려보며 버텨선 군졸들처럼 보이도록 묘사하기는 비교적 쉬웠다는 말이다. 그런 반면에 밀턴이 이런 존재들을 '행위자들로서 등장시켜야 하는 이야기(서사: 敍事)'를 창작하기는 매우 어려웠고, 그럴싸하게 연계된 사건들을 창안하는 만큼이나 이런 존재들을 '생각하고 기획하며 실수하는 존재들'로 묘사하기도 엄청나게 어려웠을 뿐만 아니라, 묘사하는 대상들의 명성에 어울리도록 사건들을 전개시키는 작업도 어려웠다. 이 작업을 완수하기는 사실상 불가능했다. 인간의 정신은 일정한 공간에 잠시 공존하는 거대한 초자연존재 24명을 상상할 수 있지만, 그런 존재 24명 사이에서 24시간 동안 발생할 수 있는 사건을 상상하기는 확실히 불가능하다. 시간의 가치는 일정한 기간에 처리될 수 있는 역사의 총합이고, 이 가치의 결정요인은 사건들을 연계시킬 의지를 품은 존재들의 본성과 용력(勇力)이다. 그리고 하등존재들은 고등존재들 사이에서 발생하는 사건들의 가치를 짐작조차 못한다. 그런 사건들 사이에서 작동하는 인과관계의 양상은 하등존재들에게 인식되는 것과 달라질 것이기 때문이다.

이것이 바로 밀턴이 극복해야 했던 난관이다. 아니, 오히려 이것은 밀턴이 극복하지 못한 난관이다. 그는 이야기를 창작해야만 했다. 그래서 그는 자신의 완숙한 초인적 존재들을 비록 우리 같은 평범한 인간들에게는 단순한 사물들로나 현상들로 보이도록 묘사하면서도, 사건들을 우리 같은 평범한 인간들 사이에서 헐값에 연계시키느니 그런 초인적 존재들 사이에서 더 비싸게 연계시키려고 시도하지 않는다. 밀턴은 오직 그런 초인적 존재들을 평범한 인간들보다 무한히 더 강력한 육체적 행위자들로만 간주하여 존중할 따름이다. 《잃어버린 낙원》의 독자는 인과관계에 어긋난 모순을 느끼는 감정을 경험한다. 그런 모순을 느끼는 여느 감정도, 어쩌면, 다음과 같은 사실에서 유래할 것이다. 그것은 시인 밀턴이 이야기의 필수요소들에만 치중하느라 정작 자신이 묘사하는 현상들만큼이나 경이로운 초인적 존재들 사이에는 인과관계를 미처 주입하지 못했다는 사실이다. 하여튼 그런 모순을 느끼는 감정은 존재한다. 그래도 밀턴은 인간이 발휘할 수 있는 가장 고결한 상상력을 발휘한다. 그는 서사시의 도처에서 사탄을 사물처럼 보이도록 표현하는 자신의 독창적 개념을 상기시키는 듯이 보인다.

> 가장 가까운 동료를 향해 이렇게 말하는
> 사탄의 넘실거리는 물결 위로 치켜든 머리,
> 섬광을 내뿜으며 번득이는 두 눈,
> 널브러지듯이 활짝 펴진 채로
> 수면에 떠다니는 장대한 몸통과 팔다리.[5]

이것은 대단한 표현이다. 시인은 어느 장소에 회합한 수많은 초인적 존재를 묘사해야 할 필요성을 실감하며 그런 존재들을 사물

---

5) 【《잃어버린 낙원》 제1권 제195절.】

《잃어버린 낙원》에 수록된 프랑스 화가 귀스타브 도레(Gustave Doré, 1832~1883)의 1866년작 동판화.

들로 보이도록 표현하는 자신의 개념을 상기했을 것이다. 그래서 그는 반드시 묘사해야 할 존재들의 수효를 최소화하는 기법을 애용했다. 이것은 이야기를 원활하게 전개시키는 묘사법이기도 했다. 그는, 예컨대, 천사들의 회합을 묘사해야 하면 반드시 공회당 같은 장소에서 진행되도록 묘사한다. 왜냐면 인간의 심정은 공회당을 정의하는 개념의 일정한 한계를 벗어나지 않으려고 하기 때문이다. 밀턴은 지옥문도 묘사하지만, 그의 지옥은 그저 뜨거운 불같은 원소의 단순하고 막연한 외연일 뿐이라서, 엄밀하게는, 문(門)을 갖춘 장소로 묘사될 수 없는 것이었다. 그러나 이야기는 개념을 요구한다. 그리고 개념은 다른 경우들에도 요구된다. 물론 그런 와중에도 묘사의 일관성은 잘 유지된다.

밀턴은 자신의 서사시 전체에서 천사들을 단순한 사물들로나 현상들로 보이도록 묘사하는 개념뿐 아니라 그들을 육체적 행위자들로 보이도록 묘사하는 개념마저 똑같이 일관되게 고수한다. 장대한 몸집과 위용은 그들의 엄청난 육체능력을 보증한다. 그래서 밀턴은 천사들에게 부여한 초인다운 몸집과 위용에 걸맞은 그들의 기계적인 행동방식과 행동능력을 표현할 수 있는 낱말과 비유어를 찾아야 한다고 실감했다. 이 과업은 밀턴의 난관들을 훨씬 더 까다롭게 만들었다. 왜냐면, 예컨대, 동일한 거인의 두 가지 다른 모습 -성벽을 등지고 섰으되 아직 명백히 위압적인 단순한 모습과 거인답게 행동을 개시하여 장대하게 활동하는 모습- 중에 단순한 외모는 묘사할 수 있지만 활동하는 모습은 묘사하지 못하는 작가도 충분히 존재할 수 있기 때문이다. 그러나 밀턴은 난관을 극복했다. 천사들을 육체적 행위자들로 보이도록 묘사한 그의 개념은 그들을 단순한 사물들로 보이도록 묘사한 그의 개념에 압도당하지 않는다. 이런 두 개념의 동등성을 예시하는 밀턴의 묘사법은, 예컨대, 《잃어버린 낙원》 제6권에서도 발견된다. 저마다 산(山)을 뿌리째 뽑아들고 서로를 향해 집어던지는 천사들을 묘사하는 그의 솜씨는 그런 존재들의 유명한 위용에 상응하는 막강한 체력을 우리에게 연상시킨다.

이런 설명의 연장선상에서 우리는 초인적 존재들의 개념을 확대하고 보강한 밀턴의 능란한 솜씨마저 관찰할 수 있다. 그는, 예컨대, 초인적 존재들에게 무한히 빠른 공간이동능력을 부여하여 자신의 개념을 확대하고 보강했다. 이 대목에서 우리는 다음과 같은 관찰결과를 독자들에게 제시할 수 있는데, 독자들은 그것의 진실성을 직접 증명할 수 있을 것이다. 우리가 확신하듯이, 밀턴은 인간의 존재조건과 자신이 묘사하는 천사의 존재조건을 가르는 특색은 중력법칙일 것이라고 막연하게 인식했는데, 특히 《잃어버린 낙원》에서는 이런 인식이 시종일관 유지된다. 우리는, 그리고 우리에게 인지되는 모든 것은, 중력법칙에 종속한다. 그러나 창작된 우주에는 중력법칙에 종속하지 않는 존재들이 많을 수 있고, 우리에게 그들은 마치 중력법칙에 종속하지 않는 듯이 인식된다. 하지만

《잃어버린 낙원》에 수록된 귀스타브 도레의 동판화.

그런 존재들 중 어느 누구든 우리에게 인식되는 순간부터 중력법칙에 종속하기 시작한다. 그가 중력법칙의 영향들을 받지 않으려면 먼저 자신의 고유한 존재방식부터 회복해야 한다.

천사들은 중력에 종속하지 않았다. 그러니까 천사들은 어느방향으로든 뜻대로 이동할 수 있는 수단을 보유했다. 그들은 반역했고 천국에서 추방당하는 징벌을 받았어도 추락하지 않았다. 왜냐면, 실제로, 묘사된 내용이 암시하는 한에서, 그들을 끌어당길 만한 중력을 가진 행성도 없었고 확실한 물질원소도 없었기 때문이다. 그들은 추격하는 불길에 쫓겨서 추방당했다. 그렇게 추방된 다음에 상승비행력, 공간이동력, 지옥탈출능력을 획득한 그들은 어느 반짝이는 행성으로 날아가서 둥근 표면에 착륙했다가 이륙하여 다른 행성으로 날아갈 수 있었다. 인간의 존재조건과 천사의 존재조건을 가르는 이 근본적 차이는, 당연하게도, 천사들은 수직 상하운동을 할 수 있는 반면에 인간들은 대체로 수평운동만 할 수 있다는 결론을 산출할 것이다. 인간들의 군대는 평지에나 평면공간에만 존재할 수 있는 반면에 천사들의 군대는 입체공간에나 평행육면체(parallelepiped)를 이루는 공간에도 존재할 수 있다.

그러니까 밀턴은 천사들의 육체적 활동과 관련된 모든 것을 묘사하면서, 그리고 심지어 그들의 존재방식을 표현하는 이런 개념을 구현하면서도, 일관성을 가장 견실하게 유지한다. 하지만 그런 존재들의 우월성을 모조리 철두철미하게 묘사하기는 불가능했다.

그렇게 묘사하려는 시도는 이야기를 불가능하게 만들었을 것이다. 밀턴이 그런 존재들을 단순한 사물들로나 육체적 행위자들로 간주하는 우리의 개념을, 그의 능력껏, 고양할 수 있었다면, 그런 존재들 사이에서 실현되어야 할 역사를 실현하려던 그의 시도는 그를 자멸시켰을 것이다. 어떤 인간의 정신도 그런 역사를 실현하지 못했다.

그래서 밀턴은 육체적 우월성의 개념에 의존할 수 없는 대목에서는 사건들을 흡사 인간의 이야기 속에서 전개되는 듯이 보이도록 연계시켜야 했다. 밀턴은 그런 우월한 존재들의 행동원인들과 추론들과 오해들을, 그러니까 사건들의 연계성을 결정지은 모든 것을, 사실상 인간적인 것들로 보이도록 표현해야 했다. 이야기 전체를 이끄는 것은, 예컨대, 만약 인간들의 육체가 초자연존재들의 것과 동등했고 인간들의 환경도 초자연존재들의 것과 비슷했다면 초자연존재들의 지식수준은 인간들의 것보다 결코 더 높지 않았을 것이라고 여기는 미신이다. 천사들은 심대한 통찰력을 가졌다고 믿어졌을뿐더러, 그들의 유명한 존재조건에서는, 신의 전능을 강하게 확신하는 신심(信心) 같은 것마저 가졌다고 믿긴다. 우리는 그런 통찰력과 신심을 미비한 천사들을 거의 상상할 수 없다. 그런데 만약 그것들을 미비한 천사들이 상상될 수 있다면, 밀턴의 모든 이야기는 성립할 수 없을 것이다. 신의 전능을 확신한 천사들의 신심이 확고부동했다면 미심쩍은 역심에 사로잡혀 반역하려는 시도를 예방했을 것이다. 설령 역심을 품은 천사들이 반역을 실행했어도, 그런 신심은 막연한 희망을 실현하려는 그들의 투쟁을 예방했을 것이다.

《잃어버린 낙원》에서 신을 인식하는 악마들의 실용적 개념은 악덕사업의 성공을 희망하는 인간들의 실용적 개념과 똑같다. 그렇잖다면 밀턴은 서사시를 집필하지 못했을 것이다. 만약 타락천사들이 신을 자신들처럼 유명한 위용과 육체적 강대함을 겸비한 초인으로 인식하는 실용적 개념을 가졌더라면, 그래도 《잃어버린 낙원》의 사건들은 발생할 수 있었겠지만, 의지들의 연계는 불가능했을 것이고, 인간세계의 어느 시인도 이야기를 실감나게 구현하지 못했을 것이다.

이런 논평들은 밀턴의 사탄을 고찰하려는 우리에게 필요한 준비사항들이다. 우리가 이미 말했듯이, 서사시를 읽으면서 이따금 ─ 육체적으로는 그토록 초인다운 존재들의 사업현안을 판단하고 숙고하는 방식이 너무나 왜소하며 인간스럽다고─ 느끼는 독자의 감정을 제외하면, 밀턴이 표현하는 개념들의 일관성에 놀라는 독자의 경이감은 시종일관 고스란히 유지된다. 밀턴은 자신의 개념들 사이에서 그런 일관성을 유지할뿐더러 자신의 주제 전체를 명백하게 실질적으로 지배한다. 더구나 그는 신비하거나 몽롱한 묘사를 시종일관 거의 하지 않는다. 그래서 《잃어버린 낙원》의 서두에는 밀턴이 상상한 무한공간[6]의 설명도(說明圖) 같은 것도 충분히 첨부될 수 있을 것이다. 무한공간에는 밀턴이 상상한 존재들이 이리저리 돌아다닌다. 그들은 처음에는 두세 무리로 나뉘고 나중에는 네 지역이나 네 영역으로 분할된다. 밀턴의 서사시는 그토록 명료하니만치 간결한 산문으로 개작된다면 사탄의 타락과 인간의 타락을 연계하는 사탄의 역사가 될 수 있을 것이다.

밀턴은 추론적이고 독창적인 작품을 쓰려고 하지도 않을뿐더러 자신의 모든 견문을 심오하게 평설하는 작품을 쓰려고 하지도 않는다. 그는 시인으로서 자신의 천재적 역량을 총동원하여 오직 숭고하고 장엄한 서사(이야기)를 속행하고자 할 따름이다. 그는 이런 목적을 달성하려고 잉글랜드 시인 작가 윌리엄 셰익스피어(William Shakespeare, 1564~1616)의 방법을 차용하기보다는 오히려 고대 그리스 서사시인 호메로스(Homeros, 서기전 8세기 후반~7세기 초반)의 방법을 차용한다. 그러나 우리는 이런 주목할 만한 사실이 서사시와 드라마(희곡: 극본)의 차이를 반영한다고, 즉, 드라마는 추론적이고 반성적인 분야일 수 있는 반면에 서사시는 그럴 수 없는 분야라고 주장하지 말아야 한다. 물론 우리는 셰익스피어의 방법대로 집필된 서사시를 상상할 수 있다. 요컨대, 그것은 서사를 확고하게 속행하면서도 나름의 정신을 심오하게 설명하는 서사시여야 한

---

6)【universal space: 이 용어는 '보편공간, 균질공간, 우주공간'이라고 번역될 수도 있다.】

다. 그러나 밀턴은 분명히 호메로스의 방법을 차용하면서도 빛나는 명언들로 자신의 서사시를 수놓으려고 주력하지 않았다. 이 사실에서 도출될 수 있는 한 가지 결론은 다음과 같다. 사탄 개념을 획득하는 밀턴의 방법은 사탄의 입에서 나오는 특유한 발언들을 포착하는 것이 아니라 사탄의 역사를 꿰뚫어 통찰하는 것이다. 그런 반면에 괴테의 메피스토펠레스는, 우리가 나중에 고찰하겠듯이, 자신의 특유한 발언들로써 자신을 드러낸다. 그래서 우리는 사탄을 연구하려면 사탄의 행보를 뒤따라야 하고, 메피스토펠레스를 연구하려면 메피스토펠레의 발언들을 경청해야 한다.

밀턴이 상상한 사탄의 역사에서 중요한 것은 그 역사의 시초이다. 사탄이 대천사였을 때에 그 역사는 시작된다. 밀턴이 상상하기로, 우리의 세계가 창조되기 전부터 우리 인간들과 완전히 다른 숭고한 존재들의 무리가 이미 존재했다. 그들은 영혼들이었다. 그들의 거처는 지구 같은 행성이 아니었다. 그들은 어떤 이상한 공간에서 우리의 상상을 초월하는 방식으로 살아갔다. 아니, 더 정확하게는, 그들은 모든 공간에 거주하지 않고 오직 무한히 높고 밝은 부분에만 거주했는데, 그 부분이 이른바 천국이었다. 왜냐면 천국은, 밀턴의 관점에서, 특정한 장소로 인식되지 말고 사방으로 무한히 확장하는 영역 -대륙과 왕국의 막대한 외연(外延)-으로 인식되어야 했기 때문이다.

천국의 하부에서 괴성을 질러대며 사납게 날뛰는 무한한 암흑

《잃어버린 낙원》에 수록된 귀스타브 도레의 동판화

은 카오스(Chaos: 혼돈: 混沌)나 밤(夜)이었다. 밀턴은 천국의 곳곳에서 살아가는 영혼들의 정확한 존재방식을 설명하지 않는다. 하지만 그들의 존재방식은, 요컨대, 사회적 존재방식이었다. 특히 수많은 영혼으로 구성된 방대한 집단과 전능한 창조주의 관계는 인간들과 전능한 창조주의 관계보다 더 밀접했든지 아니면 적어도 더 민감하고 가까웠다. 영혼들과 창조주의 관계를 인간의 언어로 가장 적확하게 표현하는 방법은 물리적 근접성의 개념을 응용하는 것이다. 그들은 신(神)의 천사들이었다. 그들은 개별적으로는 각자의 소망과 성격에 부합하는 삶을 나름대로 추구했지만, 그들 모두는 스스로를 전능한 신의 천사로 인식했다. 그들은 천국의 방방곡곡에서 각자 나름의 직무를 수행하다가 소집명령을 받으면 신의 근처에서 회합하곤 했다. 그런 천사들 사이에도 계급과 차이점들이 있었다. 그들 중에는 다른 여느 천사보다 더 장대한 체격과 더 고등한 지성을 겸비한 천사들도 있었다. 또한 열정적이고 근면한 생활을 아주 오래도록 지속해서 유명해진 천사들도 있었다. 요컨대, 그들 모두는 실제로 인간들처럼 나름대로 고유한 생활을 영위한 존재들이면서도 일정한 계급조직에 소속한 천사들이었다.

방대한 천사 무리에서도 서넛은 다른 모든 천사를 압도할 만큼 출중했다. 그들은 대천사들이었다. 사탄도 대천사였다. 그는 천국의 최고대천사였든지 아니면 최고위급 4대천사의 일원이었을 것이다. 그는 신을 제외하면 자신이야말로 우주에서 가장 위대한 존

《잃어버린 낙원》에 수록된 귀스타브 도레의 동판화

재라고 의식하는 기분에 젖을 수도 있었다. 그러나 신과 천사들의 관계가 비록 우리가 오직 물리적 근접성의 개념에 의존해야만 표현할 수 있을 정도로 밀접했어도, 신은 구름 속에 머물면서 심지어 천사들에게도 보이지 않을 만치 신비로웠으므로, 최고대천사조차 신을 오인하는 틀린 개념대로 행동할 수 있었고, 마치 인간들처럼, 신의 전능을 신학적 명제 같은 것으로 오신(誤信)할 수 있었으며, 자신의 사업을 실행하면서 자신과 함께하는 신의 전능을 처음에는 의식했어도 불원간에 망각할 수 있었다.

우리가 능력을 발휘해도, 단순한 존재감을 느껴도, 팔이나 다리를 내뻗어도, 장애물에 맞서 저항해도, 다른 여느 행동을 해도, 우리와 함께 그리하는 무언가가 있다. 그 무언가가 한 가지 확신을 유발하는데, 그것이 곧 '우리의 능력들은 열등감이나 책임감을 회상하는 기억을 적대하면서 자족자립(自足自立)한다'고 믿는 확신이다. 심부름꾼은 자신을 고용한 주인의 지시대로 심부름하면서 주인을 망각한다. 심부름을 즐기는 심부름꾼의 쾌감이 강해지면 의존상태를 느끼는 -심부름꾼의 처지를 자각하는- 그의 감정은 약해진다. 파생한 존재는 의존성과 육체적 허약성을 겸비해서 다른 존재들에게 쉽사리 인식된다. 그래서 머잖아 죽음을 맞이할 노인의 허약성도 아름답게 인식될 수 있다. 육체의 허약성은 자족감을 약화시키고 신앙심을 유발하기 쉽다. 왕성한 체력을 향락하는 젊은이는 자신의 콧구멍이 자신을 살리는 숨구멍이라는 사실을 믿지 못한다.

바로 이런 젊은이와 비슷하게 자신의 의존성을 망각한 대천사는 타락했다. 자신의 강대한 기운을 향락하고, 거령(巨靈)답게 천국을 돌아다니며, 거대한 개념들을 생각해내고, 자신의 사업을 활기차게 실행하며, 새로운 사업들을 끊임없이 구상하고 기획한 사탄은 신의 대천사들 중에도 타고난 본성대로 가장 활기찬 대천사였다. 사탄은 줄기차게 거창한 사업을 도모했고 점점 더 거창한 사업을 끊임없이 갈구했다. 그러다가, 슬프게도, 그의 지혜는 어리석음으로 변해갔다! 그에게 인식된 신의 개념은 다른 여느 천사에게 인식된 것보다 더 고귀하고 장엄했다. 하지만, 오히려 그래서, 사탄은 명상(瞑想)하는 천사가 아니었다. 자신을 파생한 존재로 느낀 그의 감정은 사업을 부단히 속행하는 자신을 만족시킨 성취감과 흥분감에 압도되어 차츰 희미해졌다. 천사의 직무를 즐기는 그의 쾌감이 강해지자 천사의 처지를 자각하는 그의 감정은 약해졌다. 그는 자신의 생활방식을 그토록 단순하게 고집하다가 자신의 기운을 갉아먹으면서 죄악을 저지를 준비마저 갖추기 시작했다. 그는 비록 천국의 최대천사였지만, -아니, 정확하게는, 오히려 천국의 최대천사였기 때문에- 가장 빠르게 타락했다.

이윽고 사건이 벌어졌다. 전능한 신이 거룩한 시온산[7]에 소집

---

7) 【Zion山: 시온(Zion)은 바이블(유다교-기독교 경전)에 나오는 예루살렘(Jerusalem)를 가리키는 또 다른 지명(地名)이다.】

잉글랜드 시인 겸 화가 윌리엄 블레이크William Blake(1757~1827)의
1808년작 동판화

한 천사들에게 자신의 외아들을 왕으로 임명하겠다고 발표하자 대천사가 눈살을 찌푸리며 반역을 감행했다. 물론 대천사는 자신이 획책한 반역의 성공확률을 계산해봐서 그리하지 않고 오히려 자신의 워낙 과격한 천성을 자제하지 못해서 그리했을 것이다. 설령 그가 반역의 성공확률을 계산해봤어도, 그리고 기대를 밑도는 계산결과를 얻었어도, 그는 기어코 반역을 감행했을 것이다. 그래서 그는 자신의 해묵은 충동들의 수레바퀴에 스스로 짓밟히면서 파멸로 치달았을 것이다. 그는 혼잣말로라도 "반역은 헛수고에 불과하므로, 나는 반역하지 않겠다"라고 말하지 못했을 것이다. 그가 설령 그렇게 말할 수 있었더라도 천국의 위선자로서 영원히 낙인 찍혀버렸을 것이다! 그의 반역은 그에게 익숙한 생각들의 자연스러운 발로였다. 또한 그의 죄목은 그가 반역 성향을 체득했고, 너무나 과다한 활동을 일삼았으며, 신을 경배하는 예배와 명상을 등한시했다는 것이었다. 이런 정황이 사탄을 라파엘(Raphael), 가브리엘(Gabriel), 미카엘(Michael) 같은 대사천사들과 다르게 만들었다.

모든 천사의 3할이 사탄의 반역을 지지했다. 사탄은 자신을 지지하는 천사들의 다수를 자신의 생각방식에 익숙하도록 만들었다. 사탄이 반역을 감행하려는 욕망을 실현하느라 사용한 방법들 중 하나는 하급천사들에게 도덕적이고 지성적인 영향력을 행사하는 것이었다. 사탄은 자신의 협력자들로 만들고픈 몇몇 하급천사와 교제하고 토론하면서 자신의 견해를 받아들이는 그들의 태도를 유심히 관찰했다. 사탄의 제1협력자는, 사탄과 거의 막역지우처럼 절친해진, 군왕의 풍모를 갖춘 천사 벨제붑[8]이었다. 몰록, 벨리알, 맘몬[9]도 벨제붑처럼 사탄의 신임을 받은 천사들이었다. 천국에서 일종의 역당을 결성한 이 다섯 천사는 '모든 천사여, 명상보다는 행동을 애호하는 우리의 지도자를 본받자'고 모든 하급천사를 선동하기 시작했다. 그리하여 사탄의 심중에는 행동하고픈 열망과 함께 권력을 탐하는 욕심마저 팽배했다. 바야흐로 그는 지도자 노릇을 영광스럽게 느끼는 감정에 젖었다. 이런 감정은 자신의 행복을 스스로 팽개쳐버린 사탄의 처세와 많이 관련된 듯이 보인다.

8) 【Beelzebub: 벨제불(Beelzebul), 바알제붑(Baalzebub), 벨제뷔트(Belzebuth)라고 별칭되는 이 천사는 나중에 악마가 되었다.】

9) 【황소머리를 가진 몰록(Moloch)은 어린이를 제물로 요구하는 악마로 숭배된다. 벨리알(Belial)은 본서의 제4부 제2장에 나오는 72악마의 하나이다. 히브리어(Hebrew語)로는 맘몬(Mammon), 영어로는 매먼(Mammon), 그리스어(Greece語)로는 맘모나스(Mammonas), 라튬어(라티움어; Latium語; 라틴어; Latin)로는 맘모나(Mammona)라고 발음되며 표기되는 맘몬은 본래 돈, 금전(金錢), 금력(金力), 재물, 재산, 재력, 부(富)를 뜻했다.기독교계에서 맘몬은 일찍이 '돈, 재물, 부를 상징하고 주관하는 신'으로 의신(擬神)되거나 '돈, 재물, 부를 탐욕하고 악용하는 악마, 악령, 마왕'으로 의마(擬魔)되면서 '돈신, 전신(錢神; 쩐신), 금전신(金錢神), 재물신(財物神), 재신(財神), 부신(富神), 돈마(전마錢魔), 쩐귀(錢鬼), 금전마(金錢魔), 재물마(財物魔), 재마(財魔), 부마(富魔) 따위들'의 대명사로서 통용되었다. 근대 서양에서는 맘몬이 마침내 의인(擬人)되어 '구두쇠, 노랭이, 자린고비, 수전노, 유다인(Judah人; 유태인; 유대인), 환전상, 고리대업자, 갑부, 졸부, 황금충(黃金蟲), 배금주의자(拜金主義者) 따위들'을 통칭하는 대명사로도 사용되기 시작했다. 240년경에 편찬된 저자미상의 《사도들의 가르침(Didascalia Apostolorum)》이라는 책에는 "그들은 애오라지 신(神)의 돈지갑인 맘몬만 생각한다"는 문장이 기록되었다. 고대 로마 기독교 신학자 아우구스티누스(Augustinus, 354~430)의 《설교집(Sermons)》에는 "수익(이문; 이윤利潤)은 맘몬이다"고 기록되었다. 킹 제임스 판 기독교 신약경전 《루가 복음서》 제16장 제13절과 《마태오 복음서》 제6장 제24절에서는 예수가 "너희는 신(하느님; 하나님)과 맘몬을 한꺼번에 섬길 수 없다"고 말한다.】

잉글랜드 화가 리처드 웨스톨(Richard Westall, 1765~1836)의 1794년작

우리는 사탄이 자신의 행복을 자발적으로 단념했으리라고 짐작할 수 있다. 그렇게 자신의 행복을 단념한 영혼은 비록 암담한 신세로 전락하리라고 예상조차 못했어도 어차피 반역을 감행했을 것이다. 괴성난무(怪聲亂舞)하는 암흑세계로 천사총원의 3할과 함께 추방되어 혼자 그들을 다스려야 하는 신세로 전락한 사탄은, 비록 자신이 그리되리라고 예상했어도, 오히려 황금과 에머럴드(취옥: 翠玉)를 가득 함유한 그런 세계를 다스리는 대천사로서 행사할 수 있는 사소한 통치권을 무한히 더 선호한 듯이 보인다. 왜냐면 사탄은 "천국에서 복종하느니 지옥에서 군림하겠다"고 호언(豪言)했기 때문이다. 그래서 우리는 사탄이 자신의 미래상을 직시했으리라고 짐작할 수 있다. 그가 벨제붑을 자신의 최측근으로 만들려고 설득할 필요는 거의 없었다.

사탄과 벨제붑은 처음부터 두 가지 다른 관점에서 역모를 생각한 듯이 보인다. 둘 중 하나는 역모를 획책한 당사자의 관점이었고, 다른 하나는 그들의 추종자들에게 역모를 설명한 설명자의 관점이었다. 사탄과 벨제붑은 자신들 같은 상급천사들의 행복보다 하급천사들의 행복이 더 중요하다고 강조했다. 왜냐면 역모를 실행하다가 행복을 상실할 가능성의 낌새라도 느낀 하급천사들은 질겁해서 꽁무니를 빼버릴 수 있었기 때문이다. 사탄과 벨제붑은 자신들이 생각한 더 좋은 것을 얻으려고 자신들의 행복을 단념했다. 그래서 그들은 하급천사들에게는 더 좋게 보일 수 있는 것을 일절 말해주지 말아야 했다. 그런 반면에 하급천사들은, 더욱 편협한 감언이설로 미루어 판단하여, 지도자들을 더 많이 알면 접대하느라 노심초사하지 않아도 되리라고 기대해마지않는 열광적 기분에 휩싸였을 것이다. 하여간에 사탄은 그렇게 천사총원의 3할을 구워삶아서 자신의 기준에 부합하도록 포섭했다. 그리고 밀턴의 서사시에서 묘사된 전쟁들이 천국에서 마침내 개시되었다.

사탄은 승전을 희망하면서 반역전쟁을 주동했다. 그런데, 우리가 앞에서 암시했듯이, 사탄은 성공확률을 오산(誤算)해서 반역을 감행하지는 않았을 수 있다. 일견 모순되게 보이는 이 두 사항은 실제로 모순되지 않는데, 이것은 주목될 만한 사실이다. 우리는 천국내전을 반군천사(叛軍天使)들과 신군천사(神軍天使)들의 전쟁으로 상상하기 쉽다. 이런 상상은 당장에는 옳다. 그러나 이것은 주변정황들을 거의 도외시한 상상이다. 사탄이 어찌 그런 전쟁에서 승리를 희망할 수 있었겠는가? 사탄을 예리한 선견지명을 갖춘 지성적 천사로 간주하기보다는 오직 멍청하고 실수를 일삼는 원한(怨恨)의 화신으로 간주하는 사람만이 사탄이 승전을 희망했으리라고 상상할 수 있을 것이다. 그러나 사탄은 예리한 선견지명을 갖춘 지성적 천사라고 판명되었다. 왜냐면 미카엘과 그의 부하천사들을 상대한 전쟁에서 사탄은 이미 빤하게 아는 만만한 실력을 가진 천사들만 골라서 싸웠기 때문이다. 여기서 전능한 신과 천사들의 물리적 근접성을 상정하는 개념은 우리를 혼란시킨다. 사탄이 내전을 일으키자 신은 메시야[10]에게 신군의 통수권을 맡긴다고 선포하면서 사탄을 협박했다. 그러나 사탄은 그런 협박을 실현하려는 신의 방법이 사탄 자신을 미카엘에게 굴복시키는 것은 아닌지 내심 의심했을 수 있다. 그래서 사탄은 미카엘과 그의 부하천사들을 상대한 전쟁에 주력했다. 조만간 천국의 모든 곳이 전란에 휩싸이자 마침내 신의 전능이 개입했다. 개전된 지 사흘 만에 메시야는 무력으로 내전을 종결시켰고 반란천사들을 천국에서 퇴출했다. 그들은 메시야의 번갯불에 쫓겨 달아났다. 그때 천국의 수정성벽(水晶城壁)이 마치 하품하는 입술처럼 양쪽으로 활짝 벌어졌다가 다시 말려들며 무서운 심연의 입구를 열어젖혔다. 그곳으로 뛰어든 반군천사들은 휘청거리며 심연을 내려다보다가 질겁하며 뒷걸음쳤다. 그러나 더 무서운 메시야가 그들을 바짝 추격했다. 다급해진 그들은 천국의 끝자락에서 무저갱 같은 심연으로 곤두박이로 뛰어들었고, 영원한 신의 불타는 분노가 화염을 쉭쉭 내뿜으며 심연의 암흑으로 내리치는 불화살처럼 그들을 뒤쫓았다.

그리고 전능한 신은 이제 새로운 세계를 창조하여 기존의 존재들을 대신할 다른 존재들 -그동안 천사들보다 열등했지만 천사의 존재방식을 자득(自得)할 수 있는 능력을 가진 존재들- 로 그 세계를 채우기로 결심했다. 신의 전능을 부여받은 메시야는 그런 세계를 창조해야 할 사명을 띠고 보무당당하게 천국을 나섰다. 천국에

---

10)【Messiah: '메시아'라고도 발음되며 '구세주(救世主)'라고 번역될 수 있다.】

서는 황금경첩들로 움직이는 영원한 대문들이 열렸고, 케루빔[11]의 날개에 올라탄 영광의 왕 메시야는 천국의 대문을 지나서 의기양양하게 카오스로 들어갔다. 이윽고 자신의 화륜[12]을 멈춰 세운 그는 한 손으로 황금 컴퍼스를 빼들었다. 그는 자신이 서있는 지점에 컴퍼스의 한 다리를 꽂고 다른 다리로 심오한 어둠을 두르는 동그라미를 조용하게 천천히 그렸다. 그 동그라미는 우리의 우주를 표시하는 한계선이었다. 하늘색을 띠는 그 우주에는 별들이 빛났고, 별마다 행성들이 공전했다. 창조하는 영혼이 그렇게 카오스의 거대한 부분을 품으니 그곳에서 빛이 분출했다. 창조는 엿새 만에 완료되었다. 새로운 우주의 중앙에는 은빛 별 하나가 걸렸다. 그것이 지구였다. 지구표면에는 나무들과 꽃들의 낙원이 조성되었고, 그곳을 산책하는 아담(Adam)과 하와(Hawwah; 이브; Eve)는 신의 모든 피조물 중에도 가장 늦게 창조된 가장 매력적인 피조물들이었다.

그동안 반군천사들은 카오스 아래의 화염계곡으로 곤두박였다. 카오스의 밑바닥은 지옥이었다. 지옥의 위쪽은 영락없는 카오스, 갑갑하고 캄캄하며 찜통 속처럼 푹푹 찌는 혼돈이었다. 카오스의 위쪽은 새로운 경험세계, 갱도 같은 카오스에서 분리된 세계,

---

11) 【cherubim: 이 호칭은 천국에서 지식을 담당하는 제2급 천사 또는 지품천사(智品天使)를 뜻하는 케룹(cherub; 처럽)의 복수형이다. 한국의 《공동번역성서 개정판》에서 케룹은 '거룹'이라고 번역되고, 케루빔은 '거룹들'이라고 번역된다.】

12) 【火輪(fervid wheels): '화염수레바퀴'라고 번역될 수 있는 이것은 케루빔 옆에 달린 수레바퀴 네 개를 총칭한다. 기독교 구약경전 《에제키엘(에스겔)》 제10장 제5~10절 참조.】

별들과 은하(銀河)들이 빛나는 세계였다. 그 모든 것의 위쪽, 별들과 은하들의 위쪽은 바로 천국이었다. 사탄과 그의 패거리는 지옥으로, 카오스 아래쪽의 불구덩이로 밀려들었다. 카오스는 그들과 새로운 세계의 사이에 있었다. 사탄은 가장 먼저 정신을 차렸고 사태의 전말 -그들이 겪은 일들, 앞으로 감수해야 할 존재조건, 감행할 수 있는 시도들- 을 깨달았다. 사탄은 심지어 그토록 일찍부터 자신이 미래에 수행해야 할 기능을 알아챘을 뿐 아니라 자신의 존재를 가장 신랄하고 선연하게 만들 수 있을 정확한 존재방식마저 판단했다. 이것은 사탄과 벨제붑의 첫 대화에서 확인되는 사실이다.

> 이제부터 다짐하건대,
> 우리는 앞으로 결단코 선행(善行)하지 않겠으며,
> 우리를 내치신
> 그분의 숭고한 의지를 거역하는 존재로서
> 우리는 오직 영원한 악행만 즐기겠노라.[13]

여기서 타락한 대천사는 향후 영원히 악마로서 존재하려는 자신의 계획을 최초로 표명한다. 그러나 대천사가 타락했다고 반드시 악마로 변해야만 했던 것은 아닌데, 이것은 중요하게 인식되어

---

13) 【《잃어버린 낙원》 제1권 제158~162행.】

야 한다. 왜냐면, 예컨대, 사탄이 고통스러워도 행동을 향락하는
방법의 개념을 벨제붑에게 알려주기 전까지 벨제붑은 영원히 시
달려야 할 고통을 제외한 미래의 어떤 것도 예견하지 못했기 때문
이다. 그런데도 몇몇 천사는 고통을 견디면 천국으로 귀환할 가능
성을 곰곰이 반추하는 듯이 보였다. 악마가 되려는 거창한 기획
은 사탄의 몫이었다. 처음에 그는 자신의 완전한 존재가치를 가장
확실하게 획득할 수 있는 방법은 그때부터 악행을 일삼는 것이라
고 단지 어렴풋하게만 생각했을 따름이다. 이 생각은 점점 더 명확
해졌다. 자신들의 새로운 영토를 한 바퀴 둘러본 벨제붑과 사탄은
자신들의 낙망한 추종자들을 일깨웠다. 사탄은 모든 추종자를 한
데 모아놓고 심기일전을 촉구하는 연설을 시작했다. 그의 연설은
그가 개시한 새로운 사업을 암시한다. 물론 그는 그 사업을 마치
즉석에서 생각해낸 듯이 설명한다.

> 우주는 새로운 세계들을 산출할 수 있노라.
> 그분께서 조만간 창조하시려는 새로운 세계는
> 천국에서도 이미 워낙 유명한데,
> 그 세계에 이식될 세대는 그분의 선택을 받아서
> 천국의 자손들과 동등하게 총애를 받으리라.
> 그러므로 저쪽이, 우리가 파고들기만 한다면, 아마도

우리의 제1거점이 될 것이다.[14)

　여기서 사탄의 제안이 최초로 명확해진다. 그것은 악행을 일삼
는 데 여생을 바치기로 결심하자는 제안이다. 사탄은 특별히 개시
할 어떤 악행을 구상하면서, 천국에서 새로운 세계를 주제로 다른
천사들과 나누곤 했던 대화를 상기했다. 카오스에서 분리될 그 세
계에는 새롭게 창조된 존재들의 무리가 거주하리라는 것이 그 대
화의 골자였다. 사탄은 이것을 상기하자마자 교활한 상상력을 발
동하여 그 세계를 우주의 약점으로 만들어버릴 계획을 구상했다.
만약 그가 이 계획을 실행하겠다고 확언할 수만 있었다면! 하지
만 그는 연설하면서 그 계획의 전모를 밝히지 않고 내심으로 구상
하기만 했다. 따로 소집된 마신(魔神)들의 회의[15)에서 몇몇은 나름
대로 조언했다. 몰록은 개전을 지지한다고 말했다. 벨리알은 환경
의 영향력을 확신한다고 말했다. 맘몬은 가급적 수월하게 전쟁을
치를 수 있도록 자신들의 새로운 왕국을 조성하자고 조언했다. 그
러나 아무도 진짜로 바라는 것을 정확하게 말할 수 없었다. 이윽고
사탄의 권유를 받고 일어선 벨제붑이 그들을 이끄는 위대한 지도
자의 계획을 자세히 설명하기 시작했다.

---

14)【앞 책, 제1권 제660~666행.】
15)【council of gods: 여기서 '마신들'은 사탄과 함께 반군천사들을 이끈 상급천사들이다.】

또 다른 세계가 있는데, 그곳은

(만약 천국에서 아주 오래전부터 전래된 풍문 같은 예언이

틀리지 않다면) 요즘에

우리와 닮게 창조되었으면서도 우리보다

능력과 소질을 모자라게 갖췄지만,

높은 곳을 다스리시는 그분의 총애를 우리보다 더 많이

받는

인간이라는 다소 새로운 종족의 낙원이외다.

그분께서 신들에게 표방하신 그런 창조의지는, 내가 맹

세코 확언컨대,

천국의 모든 곳을 뒤흔들어놓을 것이외다.

우리 모두 저쪽에 생각을 집중하고,

저쪽에 거주하는 피조물들의 정체를, 모습이나 본질을,

복식(服飾)을, 능력을,

약점을, 강하게 혹은 미세하게 발휘될 만한 최대잠재력을

알아갑시다.[16]

이것이 사탄의 계획이었다. 그는 자신의 계획을 생각하면 생각
할수록 더 흡족한 기분에 젖었다. 그의 생각 속에서 이 계획은 다

---

16)【앞 책, 제2권 제345~358행.】

른 여느 계획보다도 더 그럴싸했다. 이것은 무한한 성공 가능성을 간직한 계획이었다. 이것이 성공하면 사탄의 왕국에 우주의 또 다른 부분을 보탤 것이고, 지옥에 새로운 세계를 첨가하여 혼합할 것이며, 새로운 존재들의 무리를 옛 존재들의 지옥으로 끌어내려 공멸시킬 것이었다. 이 계획은 대다수 반군천사의 박수갈채를 받았다. 그들은 지도자들과 다르게 보였다. 왜냐면 그들은 자신들의 여건을 개선할 수 있으리라고 낙관한 반면에 지도자들은 오직 계획을 실행하려는 욕망의 충족만 추구했기 때문이다.

그래도 아직 문제는 남았다. 누가 지옥을 벗어나서 새로운 세계로 가는 길을 탐사하는 모험을 감행할 것인가? 사탄이 위험한 탐사를 자청했다. 그리고 즉각 자신의 최고속비행용 날개를 착용한 그는 죄악과 죽음을 부추기는 지옥문을 향해 단독비행을 시작했다. 그는 마침내 지옥문 앞에 도착했고, 카오스의 요람 속으로 연기와 화염을 뿜어대는 거대한 아궁이 같은 지옥문이 열렸다. 지옥문을 나서자 돛을 펼치듯이 자신의 날개를 활짝 펼친 그는 험난한 오르막길을 오르기 시작했다. 그는 걷기도 하고 날기도 했다. 그는 헤엄치거나 잠영하거나 걷거나 기어오르거나 날면서 질척거리는 혼탁한 늪지대를 통과하기도 했다. 그렇게 카오스를 벗어난 그는 드디어 새로운 우주를 둘러싼 박명(薄明) 속으로 들어섰다. 이제 더 향기로운 에테르[17] 속을 여유롭게 날갯짓하면서 여전히

---

17) 【ether: 근대 이전에 상상된 우주공간 또는 그 공간에 가득하리라고 상상된 정기(精氣)나 영기(靈氣.)】

날아오르던 그는 마침내 가장 높은 하늘의 천국을, 자신의 고향을 발견할 수 있었다. 천국의 오팔(opal: 단백석: 蛋白石)로 축조된 성탑들이 보였고, 사파이어(sapphire: 청옥: 靑玉)로 축조된 성가퀴들도 보였다. 그곳에서 뻗어난 황금사슬에 매달린 우리 인간의 미미한 세계 또는 미미한 우주는 마치 보름달에 곁붙은 가장 미미한 별처럼 보였다. 황금사슬과 이 세계의 접합부에는 구멍 한 개가 나 있었고, 사탄은 그 구멍으로 들어갔다.

그렇게 새로운 세계에 도착한 사탄의 눈에는 모든 현상이 낯설게 보였다. 그는 인간이 어떤 부류의 존재인지 짐작초자 할 수 없었다. 그때 태양의 표면에서 신성한 임무를 수행하던 천사 우리엘(Uriel)을 발견한 사탄은 다음과 같은 것들을 우리엘에게 물어보았다. 인간은 모든 별 중 어느 곳에 정착했느냐? 인간은 그 별에 확실히 정착했느냐? 인간이 자유롭게 거처를 옮길 수는 없느냐? 인간은 지금 오직 그 별에만 거주하느냐 다른 별에도 거주하느냐? 정체를 숨기고 변장한 사탄을 몰라본 우리엘은 낙원으로 가는 길을 사탄에게 알려주었다.

지구표면에 착륙한 사탄은 걸으면서 깊은 생각에 잠겼다. 이윽고 천국의 문이 보였다. 그의 머리 위로는 고요한 언덕들이 보였고 그의 주위에는 푸른 들판이 보였다. 그런데, 오, 그는 무슨 사명을 띠고 이곳에 왔던가! 그는 애잔하고 숭고한 생각들에 잠겼다. 자신과 함께 타락한 모든 천사를 상기한 사탄의 심경이 흔들렸다.

'오, 내가 본디 그토록 고귀하지 않았다면 이토록 저열하게 타락했을까? 이제 아무 희망도 없고 회개할 여지마저 아예 없는가?' 그는 처음에는 이렇게 생각했을 것이다. 그러나 곧바로 심기일전한 그는 이런 생각들을 떨쳐버리고 어쩌면 다음과 같이 생각했을 것이다.

과거는 이미 흘러갔다. 나는 미래를 주시해야 한다. 대천사였던 나의 과거는 사라졌다! 대천사라는 나의 직함도 사라졌다! 그것은 이제 나의 직함이 아니다. 나의 미래는 비록 나의 과거보다 행복하지는 못해도 더 영광스러워야 하리라. 아, 그러니까 이곳이 바로 내가 선택한 나의 실험용 세계이다! 내가 대천사였던 시절에는 무한공간을 마음대로 돌아다니며 이곳에서는 이런 일을 저곳에서는 또다른 일을 하곤 했다. 나는 이제 나의 활동영역을 좁혀야 하고 오직 이곳에서만 일해야 한다. 그렇지만 나는 이제부터 무한공간을 막연하게 돌아다니느라 나의 날개를 퍼덕거리느니 차라리 나의 영혼을 우주의 한 지점에 완벽하게 이식하는 과업을 떠맡겠다. 아, 그러면 나의 본성이 변하지 않을까? 내가 그렇게 특수한 목표를 선택하고, 오직 우주의 한 지점에만 나의 관심을 집중하며, 그 지점에서 생겨날 수 있을 무수한 영광스러운 것들에 끌리는 모든 관심을 끊어버리겠다고 맹세한다면, 더 왜소하고 더 하찮은 존재로 퇴화하는 위험을 무릅써야 하지 않을까? 내가 이 새로운 존재들의 미약한 자손을 상대하다가 세월을 보낸다면 그저 신랄하고 궤변을 일삼는 망령으로 쇠락하지 않을까? 라파엘, 가브리엘, 미카엘은 그런 존재로 변해버린 옛 동료를 보면 뭐라고 말할까? 하지만 아무래도 그리될 성싶다. 만약 내가 전능한 신에게 무한히 장대한 규모로 대항할 수 없다면, 나는 적어도 이 새로운 존재들의 종족을 감안하는 그분의 계획들을 반대하면서 나의 엄연한 존재를 그분께 인지시켜야 한다. 그리고 아울러 내가 이런 일부터 시작한다면 심지어 무한공간에서도 더 유리한 위치를 차지할 수 있는 나의 길을 은밀하게 개척할 수 있지 않을까? 하여튼 나는 당장 계획을 수립해야 하고 그것을 실현하는 직업에 부단히 종사해야 한다. 그리고 세월은 나를 그 직업에 동화시킬 것이므로, 만약 내가 점점 더 깐깐해진다면, 나는 그럴수록 더 행복해질 것이다. 또한 이 지점에서 내가 느끼는 두려움이 공연한 헛것이든 아니든 무관하게, 나는 향후 적어도 내가 바로 이 새로운 존재들을 창조한 조물주의 눈앞에서 이들의 모든 세대를 빨아들여 -그분께서 우리의 운명을 처박아버린 존재조건만큼이나- 참담한 존재조건 속으로 처박아버릴 소용돌이를 유발했다고 말할 수 있을 만큼 숭고한 일을 하리라. 그 일은 어쩌면 그분의 창조활동이 전개되고, 그분의 선택대로, 줄기차게 창조하는 우주를 망가뜨리겠지만, 결국 깨진 물동이에 물을 부어대는 짓과 비슷할 것이다.

사탄은 이런 생각들의 행렬에 몰두하다가 더 하찮은 존재로 퇴화하기 시작한다. 그는 이제 자신을 일변시킬 일생일대의 문턱에 올라섰다. 그 문턱을 넘어선 그는 대천사의 자격을 영원히 상실하고 돌이킬 수 없는 악마로 변한다. 최초 인간남녀를 유혹하는 사탄의 태도는 악마의 태도와 흡사하다. 자신이 유혹할 인간을 노려보는 사탄은 마치 나뭇가지에 올라앉아 먹잇감을 노려보는 가마우지를 닮았다. 사탄은 어느덧 하와의 귓가에 "두꺼비처럼 웅크리고"[18] 앉았다. 사탄은 뱀으로 변해서 그녀를 유혹했다. 마침내 그녀가 악행을 실행하자 사탄은 덤불숲 속으로 슬며시 달아났다. 사탄은 그렇게 인간을 타락시키면서부터 비열한 악행을 일삼는 생활에 전념하기 시작했다. 왜냐면 그는 자신의 만족할 줄 모르는 탐욕을 만족시켜야 했고 날마다 오욕을 뒤집어써야 했기 때문이다.

---

18) 【앞 책, 제4권 제800행.】

제3장

괴테의 메피스토펠레스

제2장에서는 밀턴의 사탄 개념이 고찰되었다. 우리는 그런 밀턴의 사탄 개념을 괴테의 메피스토펠레스 개념과 대조하면 더 정확하고 더 쉽게 표현할 수 있을 것이다. 아울러 우리가 밀턴의 사탄과 관련하여 논의한 것들을 명심한다면 괴테의 메피스토펠레스를 훨씬 더 쉽게 이해할 수 있을 것이다.

우리는 괴테가 메피스토펠레스에 담아서 나타내려던 모든 의미를 한마디로 표현할 수 있다고 생각하지 않는다. 그래도 다음과 같은 의문들은 제기될 수 있다. 괴테는 단일하고 특수한 의미를 표현하고 메피스토펠레스의 장난들과 악행들로써 그 의미를 더욱 명확하게 제시하는 작업에 철저히 매진했는가? 그렇잖다면, 자신의 극작품에 등장시킨 다른 여느 인물을 언제나 일관되게 묘사한 괴테가 하필 악령만은 악마처럼 보이도록 일관되게 묘사하지 않고 살아있는 인물처럼 보이도록 단호하게 풍유(諷諭)하면서도, 극작품의 서설에 깔아둔 어떤 저의와 악령의 소행들을 대응시키려고 의도하지는 않았는가? 그러므로 우리가 고찰하려는 메피스토펠레스를 극작품의 등장인물로 간주하면 최선의 결과를 도출할 수 있을 것이다. 우리는 앞단원에서 사탄이 자신의 미래생활을 설계하느라 골몰하면서 했을 만한 생각을 상상해봤다. 여기서 우리가 무엇보다도 먼저 그런 생각을 수용하여 사탄과 메피스토펠레스의 관계를 설정한다면, 그러니까 요컨대, 우리가 메피스토펠레스를 지구상에서 6,000년간 생활한 사탄으로 간주한다면, 어쩌면 우리는 나아갈 방향을 대체로 정확하게 잡았을 것이다. 이런 의미에서 밀턴의 사탄은 자신의 미래에 수행할 기능을 결정하는 타락천사이고, 지구를 더 확실히 장악하여 지구에 더 완벽하게 침투할 수 있도록 우주의 다른 영역들에 끌리는 모든 관심을 끊어버리기로 맹세하는 타락천사이다. 괴테의 메피스토펠레스는 6,000년간 나름대로 고투하고 흥망성쇠를 겪으며 변천하다가 새로운 직업을 얻은 사탄이다. 이 사탄은 6,000년 전의 사탄보다 더 왜소하고 더 변변찮고 더 비열하지만 백만 배나 더 교활하고 더 영악하다.

　여기서 우리는 이런 견해를 보강하는 차원에서, 내친김에, 《되찾은 낙원》[19]의 사탄을 참조할 수 있을 것이다. 이 사탄은 물론 여전히 고귀하고 밀턴의 사탄다워서 고상한 의견들을 제시하고 고한 주장들을 펼친다. 그러나 이 사탄의 품행은 새로운 직업에 4,000년간 종사한 결과들을 무심코 드러내는 듯이 보인다. 예컨대, 《되찾은 낙원》에서 그리스도에게 접근하여 그리스도를 유혹하기 시작하는 마귀의 모습은 메피스토펠레스를 얼마간 닮지 않았는가? 울창한 숲속에서 40일간 단식하며 생활하던 그리스도는 어느 날 저녁에 홀로 숲속을 산책하면서 깊은 생각에 잠겼다. 그때 그는 자신의 뒤로 접근하는 누군가 발에 밟힌 마른 나뭇가지들의 부러지는 소리를 들었다. 그는 뒤돌아보았다. 그러자

> 농부처럼 보이는 노인이 다가왔다.
> 어쩌면 길 잃은 양을 찾거나
> 아니면, 찬 바람 부는 겨울날 해질녘에
> 귀가하다가 집안을 따뜻하게 데울
> 땔감용 마른 나뭇가지를 주워 모으는 듯이도 보이던
> 노인은 호기심 어린 눈으로 그리스도를 훑어보다가
> 말하기 시작했다.[20]

---

19) 【《Paradise Regained》: 밀턴이 1671년에 펴낸 이 장편서사시의 제목은 한국에서는 여태껏 《복락원(복낙원; 復樂園)》이라고 번역되었다.】
20) 【밀턴, 《되찾은 낙원》, 제1권 제314~320행.】

여기서 우리는 두 가지 사실을 확인할 수 있다. 첫째, 이렇게 묘사된 모든 세부사항은 지난 4,000년간 이룩된 문명의 한복판에서 도출된다. 둘째, 이렇게 묘사된 장면의 모든 효과는 단독으로 마주치는 개인을 불쾌하게 만들 메피스토펠레스 같은 인간을 암시할 것이다. 실제로 우리가 《되찾은 낙원》을 활용하면 '사탄이 메피스토펠레스로 변이하는 과정'을 예증할 수 있을 것이다. 하지만 그리할 수 있을 만큼 여유롭지 못한 우리는 괴테를 향해 곧장 나아가야 한다.

우리가 메피스토펠레스를 사탄의 변체로 간주하는 관점에서 고찰한다면 (물론 괴테는 자신의 메피스토펠레를 결코 사탄과 관련시켜 생각하지 않았지만) 〈천국에서 시작되는 서막〉[21]에서 대단한 통찰력을 발견할 수 있다. 여기서 우리가 목격하는 메피스토펠레스는 자신에게 부적합한 환경에 처했고 자신의 옛 동료들과 대비된다. 이런 장면은 밀턴의 서사시에서도 발견된다. 신의 권좌를 중심으로 온갖 천사가 모여들고, 대천사들인 라파엘, 가브리엘, 미카엘은 신을 찬양하러 앞으로 나선다. 세 대천사가 노래하는 찬가의 주제는 창조이다. 그러나 여기서 창조는 밀턴의 서사시에서 언급되는 창조와 다르다. 밀턴의 서사시에서 창조는 무미건조한 우주를 변화시키도록 이제 막 진행될 임박한 사건이었지만, 〈천국에서 시작되는 서

---

21) 【〈Prolog im Himmel〉: 괴테의 《파우스트》제2서막에 해당하는 이 단원의 제목은 한국에서는 대체로 〈천상의 서곡〉이라고 번역된다.】

막)에서 찬양되는 창조는 이미 시작되어 장엄하게 진행되는 사건이다. 밀턴과 괴테의 또 다른 차이점도 주목될 만하다. 밀턴은 시각(視覺)에 주로 호소하면서 자신의 심상을 명확하고 일관된 이미지로 제시하지만, 괴테는 시각과 청각에 한꺼번에 호소하는 자신의 특유한 방식으로 밀턴의 시각 이미지와 비슷한 효과를 산출한다. 괴테의 방식은 특히 음향들과 은유들을 춤추게 하고 서로를 선회하게 만드는데, 그런 소용돌이 같은 춤들은 투박하고 막연하지만 꿈을 압도한다. 라파엘은 천계를 우레처럼 뒤흔들며 도도하게 운행하는 태양이 친족 별들과 합창한다고 노래한다. 가브리엘은 자전하는 지구의 두 반구(半球) 중 하나는 빛을 받아 반짝이고 다른 하나는 어둠에 잠긴다고 노래한다. 미카엘은 지구를 감싸는 대기(大氣), 대기 속에서 격발하는 폭풍우, 번개가 발포하는 우렛소리, 육지와 바다에서 휘몰아치는 돌풍을 연달아 노래한다. 그리고 세 대천사는 고요하게 명상하면 힘을 얻는 존재들로 타고난 자신들의 본성을 기뻐하고, 신의 모든 위업이 자신들을 창조한 날처럼 찬란하고 영광스럽다고 선포하면서, 합창한다. 그렇게 천국이 아직 장엄한 감격에 휩싸여 전율하는 와중에 갑자기 또 다른 목소리가 터져 나온다.

오, 주여, 당신께서 또 다시 이리 오셔서
저희의 안부를 물어주시니,

게다가 평소에도 대체로 저를 반겨주셨으니,

오늘 저도 종복들 사이에 섞여 당신을 뵙나이다.[22]

오! 이토록 극심한 불협화음! 대천사들의 노래와 끔찍하리만치 불화하는 이 음색, 음성, 낱말들, 이토록 어울리지 않는 음조! 이것의 발설자는 메피스토펠레스이다. 그는 뒤편에 물러서서, 자신의 주변을 둘러보며, 아니꼬운 표정으로 대천사들의 노래를 들었다. 그리고 대천사들의 합창이 끝나자 메피스토펠레스는 발언할 기회를 맞이했다고 생각한 즉시 다음과 같이 말하기 시작했을 것이다.

오, 주여, 당신께서 또 다시 이리 오셔서

저희의 안부를 물어주시니,

게다가 평소에도 대체로 저를 반겨주셨으니,

저도 오늘 종복들 사이에 섞여 당신을 뵙나이다.

제가 워낙 솔직해서 농담은 아예 할 줄 모를뿐더러 고상한 대화도 할 줄 모르오니,

이곳의 모두가 저를 비웃더라도, 당신만은 부디 저를 혜량하여주십쇼

---

22) 【《파우스트》〈천국에서 시작되는 서막〉】

당신께서 아주 오래전부터 웃음을 참으시지 않았다면,

저의 정념(파토스pathos)은 분명히 당신을 웃길 것입죠.

별들과 세계들을 감히 운위할 수조차 없는

저는 다만 점점 더 비참해지는 인간들의 처지밖에 모릅죠.

지구의 왜소한 신은 아직도 해묵은 흙뭉치라서,

창조의 첫날에도 지금에도 얄궂기만 합죠.

당신께서 창조하시며 떠올리신 영감의 빛을 그에게 주시지 않았다면,

그의 처지가 다소 나았을지도 모릅죠.

인간은 그것을 이성으로 지칭하며 사용하는데도

오히려 짐승들보다 더 짐승답게 살아간답니다.

당신의 넓으신 아량에 기대어 말씀드리건대, 저에게 인간은

이리저리 날아다니거나 폴짝폴짝 뛰어다니다가

풀밭에 앉으면 해묵은 노래나 쓰르륵거리는 재빠른 곤충처럼 보입죠.

이만하면 제가 할 이야기는 다했다고 말씀드릴 수도 있습죠!

그래도 인간들은 저마다 진흙탕에 코를 들이박습죠.

여기서 신이 메피스토펠레스의 발언을 끊지 않았다면, 메피스토펠레스는 그토록 뻔뻔하면서도 유창하게 똑같은 어투로 더 정

오스트리아 화가 프란츠 짐(Franz Simm, 1853~1918)의 1885년작 동판화

황하게 발언했을 것이다.

이 발언은 메피스토펠레스의 본성을 알려주는 동시에 보여준다. 메피스토펠레스의 이처럼 독창적인 발언에서 뻔뻔함, 파렴치함, 유창함, 영악함, 냉소적이고 빈정대는 성정, 비정함, 야멸참, 무목적성(無目的性), 완전히 확실하게 돌이킬 수 없이 악마적인 성격을 못 알아보고 심지어 메피스토펠레스의 언어조차 모르는 사람은 이 발언을 거의 이해할 수 없을 것이다. 게다가 메피스토펠레스는 이 발언으로 자신의 본색을 적나라하게 드러낸다. 그는 대천사들의 노래를 음흉하게 비꼬듯이 암암리에 지목하면서 "제가 고상한 대화도 할 줄 모르오니"라고 말하면서 자신은 밀턴의 사탄이 되지 않을 것이라고 효과적으로 예고한다. 메피스토펠레스는 자신은 "별들과 세계들을 감히 운위할 수조차 없"다고 말한다. 라파엘, 가브리엘, 미카엘은 그런 것들에 정통하지만, 메피스토펠레스는 그렇지 않다. 그래서 메피스토펠레스는 장대하게 번창하는 우주를 운위하지도 않고 언제까지나 아름답게 운행할 별들과 행성들도 운위하지 않는다. 그는 다만 인간본성이 얼마나 저열해질지 암시하는 한두 마디밖에 발설하지 않을 것이다. 또한 그는 신의 왜소한 친족인 인간은 창조된 첫날에나 지금에나 거의 똑같이 얄궂다고 확언한다. 그리고 그는 곧장 놀랍도록 뻔뻔한 주장을 펼친다. 그 주장의 요지는 저열해지는 모든 것은 혼란스러워지고 인간본성은 실패작이라는 것이다. 자신의 발언을 듣는 청중의 불쾌감도 아랑곳하지 않는 메피스토펠레스는 제지당하지 않으면 언제까지나 발언을 계속할 것이다.

그렇다면 메피스토펠레스는 《잃어버린 낙원》의 사탄인가? 타락한 대천사인가? 전능한 신에 맞서 싸웠고, 드넓은 호수의 수면을 떠돌았으며, 화염(火焰) 피라미드처럼 하늘로 치솟았고, 우주를 뜻대로 누비고 별에서 별로 신속하게 이동하며 자신의 소임을 완수했으며, 마침내 우주의 가장 연약한 부분을 망가뜨리고 자신의 사악한 기운을 새로운 피조물에게 주입하려는 거창한 계획을 구상했던 존재인가? 그렇다. 메피스토펠레스가 사탄이다. 그러나 오, 참으로 많이 변했다! 6,000년간 사탄은 처음에 내디딘 행보를 고수하면서, 스스로 선택한 기능을 집요하게 수행하고, 악마답게 인간본성을 농락하면서도 더 장대한 물리현상에 쏠리는 모든 관심을 단념하기로 맹세했다. 그리하여 한때 위대하고 고상했던 그의 본성은, 그 스스로 예감했듯이, 이를테면, 마치 염색공(染色工)의 손이 염료에 물들듯이,[23] 왜소해지고 악독해지며 졸렬해졌다. 그가 대천사로서 지녔던 모든 것은, 마치 뜨겁고 황량한 사막을 여행한 듯이, 오래전에 증발해버렸다. 그는 이제 메마르고 쪼그라들어 뒤틀린 냉소하는 악마이다. 그는 자신의 미래생활을 구상하다가 악마가 되기로 작심한 순간에 자신의 본성이 타락할 것이라고

---

23) 【subdued/ To what it works in, like the dyer's hand: 셰익스피어의 〈제111번 소네트〉 제 6~7행.】

예상했지만, 자신은 어차피 자신의 옛 동료들인 라파엘, 가브리엘, 미카엘 앞에 나설 수밖에 없다고 생각하며 실로 이상한 기분을 느꼈다. 그러나 지금 옛 동료들 앞에 나선 그는 역겨우리만치 뻔뻔한 표정으로 이제 자신은 대천사가 아니라는 사실을 거의 과시하듯이 거들먹거린다. 그는 심지어 대천사로서 영광을 누리던 시절에도 동료들과 달랐다. 동료들은 명상을 즐겼지만, 그는 자신의 타고난 넘치는 활력을 만끽하는 기분을 탐닉했다. 그렇다면 이제는 어떤가! 동료들은 전혀 변하지 않았고 여전한 신의 종복들로서 고상한 직분을 봉행한다. 책동을 일삼는 열렬한 대천사였던 그는 이제 깐깐해지고 문명화되어 영악하고 냉정한 메피스토펠레스로 변했다.

메피스토펠레스는 근대사회의 악마이다. 괴테의 비극시(悲劇詩) 《파우스트》는 개인의 역사 속에서 작용하는 이 악마의 책동을 예증한다. 여기서 본보기로 선택된 개인은 고귀한 인간이다. 원대하고 활동적인 본성을 타고난 인간 파우스트는 감정의 보편성을 열망한다. 인간의 모든 방법과 모든 지식을 명백하게 불만스러워하고 지겨워하는, 아니, 인간본성 자체의 근간마저 침식하려는 파우스트는 자신의 영혼을 깨끗이 비워서 바람처럼 날아다니게 만들려고 열망한다. 왜냐면 파우스트는 영혼이 그렇게 가벼워야만 영원히 진동하는 우주정신의 일부가 될 수 있고 모든 것의 본질을 파악할 수 있다고 생각하기 때문이다. 파우스트는 그동안 자살을 심사숙고했다. 이렇게 자투자쟁(自鬪自爭)하는 고귀한 본성에 메피스토펠레스가 연결된다. 파우스트의 영혼을 점유하느냐 여부가 메피스토펠레스의 지대한 고민거리였다고 알려주는 증거는 이 비극시의 어디에서도 발견되지 않는데, 이것은 중요한 사실이다. 물론 메피스토펠레스는 파우스트의 영혼을 점유하고픈 욕망을 품었으며 실현하려고 획책했다. 그래서 메피스토펠레스는 파우스트와 계약을 체결한다. 더구나 메피스토펠레스는 이따금 파우스트의 궁극적 파멸을 예상하며 혼자 낄낄거리며 웃기마저 한다.

그러나 이 비극시에서 메피스토펠레스는 파우스트를 궁극적으로 파멸시킬 어떤 진지한 계획도 끝까지 실행하지 않는다. 메피스토펠레스는 사실상 어떤 단일한 목적을 달성하려는 노력도 속행하지 않는다. 그의 모든 언동은 극악하게 행동하려는 악마적 욕망의 소산이다. 그가 파우스트와 교제하는 과정은 다만 파우스트와 동업하는 동시에 파우스트를 포섭하는 과정일 뿐이다. 메피스토펠레스는 자신의 모든 언동에서 희락을 추구하지만 파우스트는 그리하지 않는다. 파우스트는 메피스토펠레스한테서 당연히 얻을 수 있으리라고 기대한 것을 결코 얻지 못한다. 파우스트는 이리저리 끌려 다니면서 결코 바라지 않는 장소들로 들어선다. 하지만 그곳들에서는 오직 메피스토펠레스만 새롭고 신랄한 악행들을 즐길 수 있을 따름이다. 그는 파우스트와 함께 어떤 장소로 들어서는 순간에 파우스트의 곁을 떠나 그곳에 있는 사람들에 섞여들어

악행이나 짓궂은 장난을 자행한다. 파우스트는 팔짱끼고 침울한 표정으로 메피스토펠레스의 행실을 바라보며 서있다. 이윽고 그런 짓들을 마치고 파우스트의 곁으로 돌아온 메피스토펠레스는 파우스트에게 "당신은 이런 짓보다 더 재미난 것을 바랄 수 있겠소?" 라고 묻는다. 여기서 이런 짓이란 희생자의 영혼을 점유하는 짓만큼이나 허망한 짓에 몰두하는 악마의 소행이 아니다. 밀턴의 악마는 희생자를 더 감동시켰을 것이다. 그런 악마는 자신의 욕망을 더 절제했을 것이고 희생자를 더 많이 웃게 만들었을 것이다.

그러나 메피스토펠레스는 진정한 악마이다. 그는 파우스트를 기쁘게 해주려고 애쓰지 않는다. 메피스토펠레스는 자신을 유쾌하게 해주는 직업을 많이 발견하려고 애쓰며 최단시간에 최다악행을 자행하려고 애쓴다. 그의 성격을 구성하는 이런 특색은 이 비극시에서 시종일관 표현되는 풍유적 의미의 저변에 깔린 괴테의 의도를 암시할 수 있을 듯이 보인다. 메피스토펠레스는 비록 비극시의 등장인물로서 행동해도 무언가 추상적인 것을 재현한다고 이해될 수 있다.

메피스토펠레스의 성격은 《파우스트》에서 시종일관 선연하게 표현된다. 이 비극시의 제1부와 제2부에서 파우스트와 메피스토펠레스는 무척 다양한 상황들에 등장하고 무척 다양한 개인들을 접촉한다. 우리는 그런 상황들에 놓인 메피스토펠레스의 행실들을 관찰하면 그의 악마적 성격을 더욱 확연하게 통찰할 수 있다.

그는 두 가지 자기표현양식을 사용하는데, 하나는 발언양식이고 다른 하나는 행동양식이다. 그러니까 첫째, 메피스토펠레스는 모든 발언자를 관찰해버릇하는 습관뿐 아니라 대화하면서 온갖 일반명제를 들춰내어 상대방을 당황시켜버릇하는 습관마저 겸비했다. 악마의 이런 습관들을 유심히 살피는 사람은 사물들을 바라보는 악마의 방식을 아주 선연하게 인식할 수 있다. 둘째, 메피스토펠레스는 비극시에서 맡은 배역대로 행동하는데, 이 배역은, 당연하게도, 악마의 특성을 대표한다.

메피스토펠레스의 대화법은 자행될 수 있는 상상 가능한 모든 범죄방법과 놀랍도록 친밀한데, 이런 친밀성은 바로 대화법의 뚜렷한 특징이다. 메피스토펠레스는 오직 사람들의 그릇된 행동습관만 알아챌 수 있는 듯이 보인다. 그는 죄악을 속속들이 인지한다. 사회에서 발생하는 모든 갈등도 그에게 간파된다. 그는 모든 전문적 야바위에도 정통하다. 그는 사람들을 현혹하는 사이비학자들의 술수, 성직자들의 위선적 행태, 돈을 긁어모으는 의사들의 수법, 변호사들의 횡령수법을 훤히 안다. 모든 종류의 경찰정보마저 파악하는 메피스토펠레스는 완벽한 푸셰[24]이다. 그는 한 가지 무서운 주제를 샤틀레[25]의 저서 같은 책을 집필할 수 있을 정도로 충분히 깊게 탐구했다. 또한 그는 막대한 관찰 결과를 집적했

---

24) 【조셉 푸셰(Joseph Fouche, 1759~1820): 프랑스 정치인 겸 경찰장관.】
25) 【에밀 뒤 샤틀레(milie du Ch telet, 1706~1749): 프랑스 자연철학자, 수학자, 물리학자, 작가.】

을 뿐 아니라 일반화했고 그것들의 방대한 교육적 원천들에 악의 표식을 남겼다. 인간의 심정이 상념의 절망적 궤도로 치달으면 메피스토펠레스는 그런 심정을 관찰하고 파악했다. 대학교들이 젊은 이들의 지성을 무익하고 허망한 교육으로 야금야금 낭비하면 메피스토펠레스는 그런 대학교들의 폐단을 간파했다. 그는 무신론적 정치인들이 국가의 종교기관들을 맹렬하게 옹호하리라고 일찍이 예언하기도 했다. 또한 그는 환란을 초래할 수 있는 모든 것, 사람들을 타락시킬 수 있는 모든 것, 호혜적 동맹관계들을 깨뜨릴 수 있는 모든 것, 사람들을 죄악의 구렁텅이에 빠뜨려 허우적거리게 만들어 끝내 신성모독죄로 죽게 만들 수 있는 모든 것을 충분히 인식한다. 그는 사회적 악덕들의 일람표를 작성할 수 있었다. 게다가 그는 국민을 분열시키는 기존의 불만요인들을 구체적으로 지적할 수 있었고 '박애주의자라면 어떻게든 폭로하여 일소하려고 할 구악(舊惡)들'을 정확하게 지목할 수 있었다. 그런데 바로 이런 맥락에서 메피스토펠레스의 지식은 악마적 특성을 획득한다. 그는 박애주의자가 아닌 악마로서 정보를 취합한다. 그는 죄악의 은밀한 처소들로 잠입했지만 샤틀레처럼 자선심을 품어서 그리했기보다는 오히려 인간 불행의 전모를 파악하는 희열을 만끽하려고 그리했다. 악행을 자신의 역할로 자부하는 그가 심지어 자신의 직업과 그것의 지극히 세세한 업무들마저 즐겼어도 오히려 자연스러울 따름이다. 하물며 처음부터 모든 악을 자행한 악마로서 그가 어찌

기존의 온갖 범죄적 직업들을 몰랐겠는가? 그가 그것들을 알기는 마치 일기쓰기나 매한가지였을 따름이다.

이렇다면 그의 성격에서 가장 본질적인 것은 이렇듯 '악을 아는 지식'과 '악을 산출하려는 욕망'을 배합하는 것이다. 이런 배합은 끔찍하고 부자연스러우며 비인간적인 것이다. 일반적으로, 그릇된 것을 깊게 탐구하려는 의욕은 그릇된 것을 교정하려는 욕망의 소산이다. 난봉꾼이나 방탕아가 매우 귀중한 정보를 입수할 가능성은 희박하다. 그러나 메피스토펠레스의 모든 발언은 사회의 타락상을 꿰뚫어보는 심오한 통찰력을 언뜻언뜻 내비치고, 근절되어야 할 악의 내역을 교묘하게 제시한다. 더구나 그의 말투는 시종일관 건방지고 빈정거릴 뿐이라서 애처롭지도 않고 인자하지도 않다. 세상만사가 잘못되어간다. 헛소리와 야바위가 도처에 난무한다. 태양 아래 위선적인 성직자들, 사기쳐먹을 건수만 노리는 법률대리인들, 외도하는 아내들, 굶주린 아이들, 바람피우는 남녀들, 강도들과 살인자들밖에 보이지 않는다. 만세! 메피스토펠레스는 이렇게 환호성을 터뜨린다. 실제로 악을 탐하는 눈(目)과 악에 끌리는 관심을 겸비했으므로 선(善)에 이바지할 만한 어떤 것도 감안하지 못한다는 것이 메피스토펠레스의 지성적 결함이다. 그의 관점에서 세계는 가장 빠르게 지옥으로 변하는데 그런 우주적 혼란지경에도 대천사들 같은 존재들은 악에 맞서 투쟁하는 선을 인정하는 듯이 보인다.

우리는 괴테의 비극시에 등장하는 메피스토펠레스의 배역과 관련하여 이미 뭔가를 말했다. 악마의 역할을 팔팔하게 실행하는 그의 유일한 방법은 오직 파우스트를 쫓아다니듯이 세상만사에 줄기차게 참견하는 것뿐이다. 메피스토펠레스는 자신의 동료 인간과 마찬가지로 변덕스러운 생각들을 일삼았지만, 그것들은 오히려 메피스토펠레스가 종사한 모든 일의 묘미만 증대시켰을 따름이다. 메피스토펠레스는 파우스트를 시종일관 몰래 비웃으면서 자신의 초월적인 생각방식을 내심 짜릿하게 즐긴다. 파우스트의 고상한 품성은 완전히 그리스인들과 게일어족[26]의 것이라서 메피스토펠레스의 냉정하고 악마적인 본성과 대비된다. 메피스토펠레스는 모든 강렬한 감정, 모든 감상(感傷), 모든 복음주의를 혐오한다. 그는 밀턴다운 것들을 굉장히 즐긴다. 그래서 〈천국에서 시작되는 서막〉에서 메피스토펠레스는 대천사들에게 그들의 찬가에 포함된 호언장담을 확신하느냐고 장난스럽게 물어본다. 메피스토펠레스는 그런 호언장담을 지성적으로는 이해하지만 그것에 담긴 감상적인 어떤 것에도 본능적으로는 공감하지 못한다. 이런 맥락에서 그가 감상주의자처럼 굴며 고결한 품성의 소유자처럼 시늉하면, 설령 그런 시늉에 완전한 지성적 의미를 부여하는 것이 관건인 한에

---

26) 【Gael語族(고이델족; Goidel族): 북서유럽의 토착종족. 켈트족(Celt族)의 일파로서 게일인 (Gael人)이라고도 호칭된다. 게일어에는 아일랜드어, 맨어(Manx), 스코틀랜드 게일어가 포함된다.】

서 그가 시늉을 완벽하게 성공해도, 그는 언제나 정서적으로 부적절한 낱말들을 사용하여 발언하기 때문에 시늉의 효과는 패러디(parody)일 수밖에 없다. 그는 파우스트와 동행하면서 결국에는 파우스트를 얼마간 안심시켜서 본분마저 망각시켜버리는 희락을 확실하게 만끽했을 것이다.

그래도 이야기는 계속된다. 메피스토펠레스는 시종일관 악마로서 행동한다. 그는 처음에는 악마로서 파우스트를 상대한다. 왜냐면 파우스트가 뭔가를 제안할 때마다 메피스토펠레스는 불평불만부터 제기하면서 줄곧 자신만의 방식으로 대화를 주도하기 때문이다. 비극시의 다른 주요한 등장인물들을 상대하는 메피스토펠레스의 행동양상도 동일하다. 가련한 마르가레테(Margarete: 그레트헨: Gretchen), 그녀의 어머니, 마르가레테의 아기, 그녀의 오라비와 연루된 살인사건에서 우리는 악마가 저지를 수 있는 일련의 잔인한 악행들을 목격한다. 그리고 그런 악행들을 단순히 보완하고 곁들이는 행동들도 결국 똑같이 잔인하다. 메피스토펠레스는 불필요한 악행을 멈추지 않는다. 예컨대, 아우어바흐(Auerbach) 주점에 들어선 메피스토펠레스는 비천하고 무분별한 술꾼 네 명에게 자신을 소개하면서 그들을 서로 치고받으며 싸우게 만든다. 또한 메피스토펠레스는 파우스트의 이웃집에 어리석은 노파 마르테(Marthe)와 잠시만 대화해도 그녀 스스로 그녀의 약점들을 노출하게 만들 수 있다. 《파우스트》 제2부에서는 메피스토펠레스가 시

오스트리아 화가 프란츠 짐의 1885년작 동판화

종일관 악마답게 온갖 엉뚱한 장난과 악행을 일삼는다. 그는 이 모든 짓을 일삼으면서도 여전히 냉정하고 침착하며 빈정거린다. 그가 이따금 적나라하게 드러내는 감정도 악마의 분노 같은 것이다. 그는 어쩌면 공포감이나 당혹감 같은 감정을 한두 번쯤 드러내는 듯도 보인다. 그러나 전체적으로 그는 감정을 상실한 악마이다. 탈옥하지 않으려는 마르가레테 때문에 괴로워하는 파우스트에게 메피스토펠레스가 던지는 다음과 같은 한마디보다 악마의 심성을 더 확실하게 예시할 수 있는 말이 과연 있을까?

어서 오게! 어서! 자네가 그녀와 함께 있겠다면 나만 가겠네.[27]

이런 맥락에서 밀턴의 사탄과 괴테의 메피스토펠레스는 다음과 같이 비교될 수 있다. 사탄은 거대한 인물화이고, 메피스토펠레스는 세밀한 초상화이다. 사탄은 자신의 미래생활을 구상하는 타락천사이고, 메피스토펠레스는 근대의 악마이다. 메피스토펠레스는 뚜렷한 외형적 특징을 지닌다. 사탄은 그런 특징을 미비한다. 사탄은 선(善)에 공감하는 지식을 가졌다. 메피스토펠레스는 선(善)을 단순한 현상에 불과한 것으로 안다. 사탄이 말하는 것들의

---

27) 【《파우스트》 제1부 제4607행.】

대부분은 라파엘도 말할 수 있는 것들이다. 악마정신은 메피스토펠레스의 모든 발언을 관류한다. 사탄의 악행들은 고상한 추론들에서 유래한다. 메피스토펠레스는 추론하지 않는다. 사탄은 자신의 악행들이 초래한 결과들을 목격하고 회개한다. 메피스토펠레스는 결코 회개하지 않는다. 사탄은 심심찮게 "내심으로 성공을 확신한다." 메피스토펠레스는 실망감보다 더 고상한 어떤 감정도 느끼지 못한다. 사탄은 사업을 경영한다. 메피스토펠레스는 직업을 향락한다. 사탄은 확고한 목적의식을 가졌다. 메피스토펠레스는 변덕스럽다. 사탄은 불안감을 느낀다. 메피스토펠레스는 천하태평하다. 사탄은 거대한 기획들을 실현하려고 노력하기 때문에 위대하게 보인다. 메피스토펠레스는 모든 것을 꿰뚫어 간파하기 때문에 위대하게 보인다. 사탄은 몇 가지 숭고한 개념들을 체득한다. 메피스토펠레스는 관찰결과들을 막대하게 집적했다. 사탄은 미려(美麗)하게 연설한다. 메피스토펠레스는 비평한다. 사탄은 사물들의 도덕적 측면에 정통하고 형용사를 애용한다. 메피스토펠레스는 명사를 애용하고 오직 '그에게 존재하는 것으로 인식되는 의미'를 전달할 수 있는 형용사만 사용한다. 사탄은 결국에는 악마가 될 수도 있다. 메피스토펠레스는 애초부터 돌이킬 수 없는 악마이다.

제4장

루터의 '악마', 마귀

밀턴의 사탄과 괴테의 메피스토펠레스는 문예의 성과들이다. 그리고 밀턴과 괴테는 악마의 존재를 전혀 믿지 않았어도 그런 성과들을 거둘 수 있었다. 그런 반면에 루터의 악마는 실제로 현존한다고 -어떤 관점에서는, 확실히 엄존한다고도- 그에게 인식되었다. 이렇듯 악마의 현존을 확신하는 루터의 강력한 신심은 그의 성격을 대변하는 특징이다. 그의 일대기는 그와 함께한 악마가 키메라[28]도 아니고 단순한 정설(正說, orthodoxy)도 아니며 허구도 아니라는 사실을 증명하는 일화들을 가득 포함한다. 그가 집필한 모든 저작에서 우리는 누누이 복기되는 마귀(Teufel: 토이펠)라는 낱말

---

28) 【chimera: 그리스 신화에 나오는 여러 동물의 신체부위와 화염을 분사하는 주둥이를 겸비한 괴물.】

을 발견한다. 마귀의 본성과 기능들을 고찰한 명백한 논문도 가끔 발견된다. 루터의 《좌담집》[29]에 수록된 좌담들 중 가장 긴 편에 속하는 좌담(제24장)의 제목도 〈마귀와 그의 소행들(Teufel und seinen Werken)〉이다. 이것은 루터가 사탄의 작용을 주제로 친구들과 대화했다는 사실을 예증한다. 마귀라는 낱말은 실제로 그가 아는 가장 강력한 의미를 표현했다. 발언하는 그의 감정이 최고조로 흥분할 때마다 그 낱말은 그의 발언을 절정으로 치닫도록 도왔고 그의 감정에 상응하는 강력한 표현법을 그에게 제공했다. 그가 일상다반사로 사용한 표현법은, 예컨대, 다음과 같았다.

> 설령 모두가 나를 반대해도, 심지어 대공(大公)이나 황제께서, 사제나 주교가, 추기경이, 교황이, 마귀가 나를 반대해도, 나는 이 일을 반드시 하고야 말겠네.

그는 인간의 심장은 "나뭇등걸, 돌덩이, 쇳덩이, 마귀, 굳건한 급소"라고 말한다. 그래서 루터가 인식한 이런 존재의 개념은 신학이 그에게 강요했을 개념만큼 단순하지도 막연하지도 않았다. 그는 이런 존재를 자신의 개인적인 적수가 될 수 있을 인간으로 간

---

29) 【《Tischreden》: 1531~1544년 루터의 친구들과 제자들이 루터와 함께 식사하거나 산책하면서 기록해둔 루터의 말들을 취합하여 1566년에 편찬한 이 책의 제목은 《탁상담화록》이나 《루터 어록》이라고 번역될 수도 있다.】

주하여 관찰했다. 그리하여 루터는 이런 존재의 능력들과 성격을 규정한 대단히 많은 결론을 내렸다. 루터의 마귀는, 대체로, 루터가 부단히 애써 저항해야 했던 간섭요소 -그의 내면에서 고조되는 정신적 공포심, 끓어오르는 격렬한 역심(逆心), 미약해지는 결심들, 그런 심정들에 휩싸인 그의 실수와 우유부단함과 질투, 그리고 그의 외부에서 그를 파멸시키려고 울부짖는 세계 전체- 를 기독교 경전의 방식으로 의인화(擬人化)한 것이라고 정의될 수 있다. 루터의 마귀는 사실상 다음과 같은 루터의 발언으로 요약될 수 있다.

> 성서[30]는 악을 산출하는 저주받은 강대한 존재가 현존한다고 나에게 계시한다. 성서는 모든 인간 중에 바로 내가 상대해야 할 이 존재의 성격을 나에게 확인시켜준다. 그렇거늘 내가 이 존재의 소행을 관찰하지 않는다면 달리 어찌해야겠는가? 하느님께서는 내가 이 존재의 증표들을 찾으러 멀리 가지 않아도 된다는 사실을 아신다.

그리고 루터는 자신의 일상적 체험으로 기독교 경전의 구절들을 부단히 보완했다. 그는 자신의 강대한 개인적 적수를 더 명확하게 설명하는 개념을 꾸준히 습득하면서 마귀의 성격에 내포된 더

---

30) 【루터에게 기독교 경전은 당연히 성서(聖書)나 성경(聖經)이다.】

욱 은밀한 특질들을 우연하게 연달아 맞닥뜨렸다. 그런 존재 자체는 인간의 눈에 보일 수 없는 것이었다. 그러나 인간들은 그런 존재의 증표들에 둘러싸여 살면서도 그런 존재를 찾아 헤맸다. 우리는 마치 볼 수도 없고 평범한 방식으로는 결코 직접 교류할 수도 없지만 날마다 해뜨기 전에 자신의 솜씨를 자랑할 근사한 견본품을 우리의 출입문 앞에 놓아두고 가버리는 어떤 존재가 현존한다고 확신하듯이 그런 존재를 찾아 헤맸다. 그렇게 불리한 처지에 놓인 우리가 우리의 눈에 띄지 않게 특파된 밤손님의 성격을 파악하기는 당연히 어려웠을 것이다. 그래도 우리는 그와 관련된 몇 가지 결론을 도출할 수 있었고, 그의 솜씨를 더 선연하게 알아볼수록 더 깊게 통찰할 수 있었을 것이다. 루터는 기독교 경전에 기록된 악마와 관련된 구절들을 스스로 실감하려고 애썼으며, 그렇게 실감한 것들을 "실증철학(positive philosophy)"의 언어로 설명하려고 노력했다. 하지만 루터의 그런 노력은 악의 발생법칙을 알려는 노력에 불과했다. 오직 실증철학만이 악마의 증표를 찾아 헤매는 모든 추측을 거부할 수 있었을 것이고 그런 추측이야말로 근본악이라고 단정할 수 있었을 것이다. 왜냐면 루터는 '역사상 선과 악이 따로 분리되어 서로 다른 두 방향으로 전개되는 선의 사건들과 악의 사건들을 따로 유발하기보다는 오히려 선이 악을 낳고 악이 선을 낳는다'고 생각했기 때문이다. 그래서 만약 우리가 이왕에 역사과학을 보유해야겠다면, 우리가 보유할 수 있는 최선의 역사과학

19세기 독일의 신원미상 화가의 작품

은 악의 사건들만 연발시키는 법칙보다는 오히려 상반된 사건들을 서로 유발하는 선악의 법칙들을 연구하는 과학일 것이다. 그러나 루터에게 역사는 사건들의 물리적 전개과정이 아니었다. 그에게 역사는 신의 작용과정이고 악마의 반작용과정이었다.

이런 맥락에서 루터는 자신의 동시대인들과 다르지 않았다. 사탄의 작용을 믿는 신념은 루터 시대에 만연했다. 지금 우리는 그런 신념이 얼마나 강력했을지 짐작조차 못한다. 우리는 마녀재판을 다룬 오래된 책에 기록된 진술들을 읽으면서 불특정한 어떤 진실 같은 것을 감득(感得)한다. 그러나 우리는 루터의 시대에 집필된 어느 저작이든 한 번 훑어보기만 해도 그 시대에 "지옥"과 "악마"라는 낱말들에 부여되었던 현실적 의미를 충분히 간파할 수 있다. 이 두 낱말에 담겼던 정신은 폭로하는 정신한테 쫓겨나서 쇠퇴했다.

루터의 시대에는 모든 정신현상과 모든 물질현상이 정령들의 작용으로 간주되었다. 프랑스 실증철학자 겸 작가 오귀스트 콩트 (Auguste Comte, 1798~1857)는 그런 시대를 신학의 시대로 지칭했다. 그는 자신이 선도한 실증철학의 정신이 진보하면 사탄의 작용을 믿는 신념에서 (심지어 그런 신념을 간직한다고 공언하면서도 사실상 전혀 인정하지 않는 사람들마저) 해방될 수 있다고 생각했을 것이다. 그러나 우리는 '과학정신이 단순히 진보하기만 했어도 -그러니까 인간들이 단순히 온갖 종류의 모든 현상을 단일한 방식으로 생각하려는 의향만 품었어도- 일반적인 정신을 그렇게 해방하는 변화를 충분히 유발할 수 있었다'고 생각하지 않는다.

우리는 그런 변화를 '문명의 진보과정에서, 초자연존재들을 믿는 신념을 키우도록 자연스럽게 적응한 듯이 보이는 감각들을, 적어도 부분적으로나마, 벗어나는 해방'으로 간주해 버릇한다. 문명의 경향은 공포감을 느낄 수 있는, 하여튼 언필칭 강렬한 감정을 느낄 수 있는, 우리의 기회들을 감소시키기 십상이다. 공포감을 유발하는 것들의 작용이 예전에 인간의 경험에서 차지했던 중요성은 이제 훨씬 미미해졌다. 이런 변화는 간단히 예증될 수 있다. 예컨대, 오늘날 우리의 대다수는 기계적 교통수단 같은 문명의 이기들을 이용하면 캄캄한 어둠 속에나 황량한 오지에 고립되어 무서워하지 않아도 된다. 특히 도시에 거주하므로 지성의 영향력마저 가장 뚜렷하게 발휘하는 도시인들은 이런 변화의 수혜자들이다. 그들은 겨울밤에 스산한 바람소리만 들어도 극심한 공포감을 경험한다. 이것이 오늘날에도 '초자연존재를 믿는 신념은 언제나 이런 공포감을 경험하는 순간에 가장 강력해진다'고 암시하는 견해의 확실한 증거가 아닐까?

우리의 선조들이 일상다반사로 겪었던 사건들과 상황들이 우리에게는 낯설다. 오늘날 우리는 한밤중에 캄캄한 숲을 통과하지 않아도 될뿐더러 교수형당한 살인자의 시체가 매달려 흔들거리는 교수대만 보이는 음산한 황무지의 어느 지점을 혼자 지나가지 않아도 된다. 그렇지만 탬 어섄터는, 심지어 알라바위 교회[31]에 도착하기도 전에, 끔찍한 것들을 우리의 다수가 일평생 목격하는 것들보다 더 많이 목격한다.

이제까지 그가 건넌 개울의 여울목에서는
폭설에 파묻혀 질식사한 행상인이 발견되었고,
그가 지나간 자작나무숲과 거대한 암석지대 사이에서는
목뼈가 부러져 사망한 주정뱅이 찰리가 발견되었으며,
그가 지나간 산사나무숲과 유적지 사이에서는
피살당한 아이의 시체가 사냥꾼들에게 발견되었고,
그가 지나친 산사나무 근처 우물 위쪽의 둔덕에서는
멍고의 생모가 스스로 목매어 죽었다는 전설도 전래되었다.[32]

---

31) 탬 어섄터(Tam o' Shanter)는 스코틀랜드 시인 로버트 번스(Robert Burns, 1759~1796)가 1790년에 창작하여 1791년 3월에 《에든버러 헤럴드 앤 디 에든버러 매거진(Edinburgh Herald and the Edinburgh Magazine)》에 발표한 설화시(說話詩) 〈탬 어섄터(Tam o' Shanter)〉의 주인공이다. 이 설화시는 1791년 4월에 잉글랜드 고미술상 겸 사전편찬자 프랜시스 그로스(Francis Grose, 1731~1791)가 펴낸 《스코틀랜드의 유물들(Antiquities of Scotland)》제2권에도 수록되었다. 이 설화시에서 마녀들과 요술사들의 집회장소로 묘사된 알라바위 교회(Alloway Kirk)는 스코틀랜드 남서부에 (1975년까지) 있었던 옛 주(州) 에어셔(Ayrshire)의 해안도시 에어(Ayr)에 속한 보호구역 알라바위에 남아있는 16세기에 건축되었다고 전래되는 석조교회의 유적이다.】

32) 【탬 어섄터〉의 부분. 여기서 "멍고의 생모(生母)"는 중세 스코틀랜드에서 기독교 성녀로 추앙된 테뉴(Teneu; 테네바; Theneva, 544~603)이고, 멍고(Mungo)는 테뉴의 아들이자 역시 기독교 성자로 추앙된 켄티건(Kentigern; 켄티게르누스; Kentigernus, ?~614)의 별칭이다. 이 모자(母子)는 스코틀랜드 최대 도시 글래스고(Glasgow)의 창건자들이자 수호성인들이라고 믿긴다. 멍고(mungo)는 '재생양털실이나 재생양모직'을 뜻하는 영어명사로도 쓰인다.】

우리의 모든 감각을 편의주의에 길들여 둔화시켜버리는 문명
의 이런 효과는 지금 우리의 관점에서는 다소 우려스럽게 보이는
환경을 조장한다. 우리는 비록 "실증철학"을 설명수단으로 채택하
고 찬미할지언정, 많은 이유 때문에라도, 보편적으로 적용하지는
말아야 한다. "실증철학"은 불가해한 것을 가늠하려는 모든 추측
을 삼가라고 우리에게 명령한다. 많은 사실이 감안되면 이런 명령
은 무시되어도 마땅하다. 기초철학(metaphysics; 형이상학)적인 것을
가늠하려는 추측은 언제나 격정의 소치이다. 인간의 도덕적 본성
은 단순히 잘게 썰린 지푸라기 같은 것들을 지능적으로 비유하고
연결하는 설화들만 섭취하면 영양실조에 걸려 굶어죽을 수도 있
다. 더구나 우리는 "실증철학"은 이미 널리 인식된 현상들을 언제
나 훨씬 뒤늦게 인식한다고 말해도, 그리고 이런 인식의 시차(時
差)는 충분히 불가사의할 수 있다고 말해도, 인간의 도덕적 본성
에 필요한 영양소들을 충분히 공급하지 못한다. 아니! "실증철학"
은 자체의 빈틈을 가설(假說)의 자유(Liberty of Hypothesis)라는 명분
으로 메워달라고 요구할 것이다. 우리는 가설의 자유가 이론을 재
촉하는 방편인 동시에 정신적이고 상상적인 목적들마저 달성하는
방편이라고 생각한다. 이런 의미에서 동물최면술을 환영할 사람도
있을 것이고, 그렇잖으면, 우리의 존재방식을 둘러싼 종이울타리
(지벽; 紙壁)에 구멍을 내지 않고, 우리의 현재 지식을 우쭐하게 여
기는 자부심을 짓밟지 않으며, 설명하기 더 어려운 다른 현상들을

우리에게 제시하지 않을 무엇이든지 환영할 사람도 있을 것이다.

그러나 비록 사탄의 작용을 믿은 루터의 신념과 그런 작용을 믿은 동시대인들의 신념이 일치하지는 않았지만, 루터는, 당연하게도, 사탄의 작용을 다른 모든 것과 마찬가지로 굉장히 믿었다. 루터가 생각한 악마는 밀턴의 사탄이 아니었다. 설령 루터가 밀턴의 서사시를 실감하려고 노력했어도 루터의 개념은 다르게 변하지 않았을 것이다. 그러나 루터는 마귀가 인류의 공적(公敵)으로서 인간사(人間事)에 간섭한다고 생각했다. 그래서 우리는 루터의 악마 개념이 몇 가지 측면에서 괴테의 악마 개념과 일치할 것이라고 기대해도 무방하겠지만, 오직 루터의 개념을 괴테의 개념과 일치할 것으로 간주하는 한에서만 그리해도 무방하다. 루터의 악마 개념은 밀턴이나 괴테의 것보다 더 엄밀하다. 메피스토펠레스는 비극시의 등장인물로서 맡은 배역을 확실히 충실하게 연기한다. 그런 메피스토펠레스가 설령 모든 악을 유발하여 마치 자신의 정신적 독기(毒氣)를 지구의 대기권에 만연시키듯이 모든 곳에서 인간의 정신을 발효시키며 사실상 전능한 존재처럼 연기해도, 우리는 메피스토펠레스를 그런 존재로 인식하지 못한다. 그러나 우리는 밀턴의 사탄을 그런 존재로 전혀 어렵잖게 인식할 수 있다. 왜냐면 밀턴의 사탄은 행성 하나를 통째로 위태롭게 만들고 그 행성에는 오직 두 개인만 존재하기 때문이다.

그러나 루터의 개념은 기독교 경전의 모든 위급상황에 대처했다. 그의 개념은 확실히 모든 시대의 모든 곳에서 모든 악을 유발하는 효력을 발휘하는 존재의 개념이었다. 그것은 지구의 대기권에 만연하는 진정한 프네우마[33]의 개념이었다. 그리하여 루터의 정신은 악마의 복수성(複數性: plurality)을 인정하는 개념을 수용할 수밖에 없었다. 왜냐면 루터는 대마귀(大魔鬼: Archdemon)가 오직 도깨비들이나 잡귀들[34]을 부려야만 물리적으로 작용할 수 있다고 상상할 수 있었기 때문이다. 괴테의 메피스토펠레스는 이것들 중 하나로 간주될 수도 있을 것이다.

악마의 작용을 설명하는 루터의 많은 구체적인 발언도 그의 악원리 개념을 예시할 수 있다. 이 발언들은 그의 악원리 개념이 모든 악을 친애하는 존재의 개념이라고 알려준다. 루터의 악마는 기상학적(氣象學的) 행위자였다. 루터의 발언대로라면, 악마들은 숲, 하천과 호수, 음습한 늪지에 서식하면서 통행인들을 해코지할 기회만 노린다. 먹구름 속에도 서식하는 악마들은 우박, 우레, 번개를 발생시킬 뿐 아니라 독기로 대기권, 농경지, 목초지마저 오염시킨다. 그리고 루터는 다음과 같이 말했다.

그런 불상사들이 발생하면, 철학자들은 그것들은 자연

---

33) 【pneuma: 이것은 고대 그리스에서는 "숨결, 호흡; 생기"를 뜻하는 낱말로 쓰였고, 이후 종교계에서는 "영혼, 정령, 신령"을 뜻하는 낱말로도 쓰였다.】
34) 【emanations: 이 낱말은 본디 "방사(放射)되거나 방출된 것들이나 파생물들"을 뜻하지만, 이 문맥에서는 "대마귀에서 방사되거나 파생한 것들"을 암시하므로 "잡귀들"이라고 의역될 수 있다.】

독일의 화가, 조각가, 작가인 에른스트 바를라흐(Ernst Heinrich Barlach, 1870~ 1938)의 1915년작

현상들이라고 말하면서 그것들을 행성들의 탓으로 돌리지
만, 나는 그 모든 것이 그렇잖다는 사실을 안다.

또한 루터는 악마가 마녀의 후견자 노릇을 할 수 있다고 믿었
다. 루터의 설명대로라면, 악마는 감각들을 기만할 수 있는 능력을
가졌는데, 이런 능력에 기만당한 사람은 필시 실제로 순전한 헛것
을 환청(幻聽)하거나 환시(幻視)하고도 실다운 어떤 것을 듣거나 봤
다고 단언할 것이다. 악마는 꿈과 몽유병도 유발했다. 더구나 악
마는 질병들마저 유발했다. 루터는 다음과 같이 말했다.

　　나는 악마가 모든 치명적 질환들과 중병들을 사람들에
　　게 보냈다고 강조한다.

질병들은, 요컨대, 사람들을 공격하는 악마의 무기들이다. 왜냐
면 악마는 오직 사람들을 공격하는 순간에만은, 마치 살인자가 칼
을 사용하듯이, 자연적인 어떤 수단을 사용할 수밖에 없기 때문이
다. 우리의 죄악이 성행하고 모든 것이 타락하면 악마는 방해물들
을 쓸어버리고 기근과 치명적 전염병들로 지구를 결딴내버릴 신의
사형집행자가 될 것이 틀림없다. 모든 것을 죽이는 것이야말로 악
마의 천직이다. 모든 슬픔과 우울은 악마의 탓이다. 광기도 악마의
탓이다. 그러나 악마는 광인의 영혼만은 결코 지배하지 못한다. 악

마는 나랏일들에도 간섭한다. 그는 언제나 고급스럽고 화려한 것에만 관심을 쏟으며 위쪽만 올려다본다. 그는 비천하고 저급한 것에는 관심을 거의 기울이지 않으며 아래쪽을 내려다보지도 않는다. 그는 거창한 사업을 좋아하고 유력한 공직자들을 뜻대로 주무르는 권세를 부리기를 좋아한다. 악마는 영혼의 유혹자이기도 하다. 그는 개인들의 심중에 침투하여 신의 은총을 적대시한다. 이것은 가장 빈번하게 설교된 사탄의 작용을 경고하는 교리의 일면이다.

그래서 루터는 당연하게도 사탄의 작용을 아주 구체적으로 설명했다. 루터는 인간의 정신을 조종하는 사탄의 작용법칙을 탐지했다. 루터의 말대로라면, 악마는 기독교 경전을 훤히 알아서 논증의 근거로 사용한다. 악마는 경건한 신심(信心)을 향해 뜨거운 불창(火槍)처럼 무시무시한 사상들을 투척한다. 기독교인들은 자신들만 아는 어떤 신비한 희락들을 악마 같은 존재는 결코 알지 못하리라고 추정하겠지만, 악마는 심지어 그런 희락들에도 정통하다. 루터는 다음과 같이 말한다.

가톨릭교를 신봉하는 해석꾼들은 실로 아둔하고 미련한 자들이다! 그들은 사도 바울의 "육체에 박힌 가시"[35]는 육

---

35)【thorn in the flesh: 기독교 신약경전 《코린트인들에게 보낸 둘째편지(고린도 후서)》 제12장 제7절. 이 경전의 저자 사도 바울(Paul the Apostle, 서기 5 – 67)은 라틈어(라틴어)로는 파울루스(Paulus), 그리스어로는 파울로스(Paulos)라고 호칭된다.】

체의 욕정이라고 단순하게 해석해버린다. 왜냐면 그들은 그런 욕정을 제외한 여느 다른 고통도 모르기 때문이다.

그러나 비록 인간의 정신을 뜻대로 주무르는 대력(大力)을 가진 악마도 몇 가지 한계점을 겸비했다. 예컨대, 독실한 신앙인들이 각자의 생각을 발설하지 않으면, 악마는 그들의 생각을 결코 알지 못한다. 또한 악마는 한 번 실패한 논증으로는 영혼을 다시 유혹할 수 없다. 교황청을 악의 거대한 현존형식으로 간주한 루터는 당연하게도 교황청에서 마귀를 발견했다. 교황청이 파괴되면 사탄은 근거지를 상실할 것이라고 루터는 생각했다. 그러면 사탄은 교황청 같은 여느 건물도 지구상에 다시는 건립할 수 없을 것이라고 루터는 생각했다. 교황청이 파괴되는 순간에 분노하고 절망할 마귀는 휘청거리고 기우뚱거리는 교황청을 지탱하느라 전력투구할 것이라고 루터는 확신했다. 그래서 루터와 사탄은 기필코 맞대결할 수밖에 없는 적수들이었다. 사탄은 루터를 이기려면 총력전을 펼쳐야 한다고 알아챘다. 사탄은 루터를 물리적 폭력으로 짓뭉개버리든지 아니면 루터로 하여금 신을 망각하게 할 수만 있다면 세계를 다시 장악할 수 있을 것이라고 생각했다. 사탄은 루터의 정신과 자주 씨름했으며, 그리스도를 믿는 루터의 신념을 뒤흔들려고 밤에는 루터를 번민하게 만들곤 했다. 그러나 사탄은 결코 승리하지 못했다. 루터는 다음과 같이 말했다.

루터의 논저 《마귀의 기관 로마 교황청 반대론(Wider das Papsttum zu
Rom, vom Teufel gestiftet)》에 수록된 독일 화가 겸 마르티 루터의 막역한
친구 루카스 크라나스 데 앨터러(Lucas Cranach der ltere, 1472~1553)
의 1545년작 삽화.

세상의 모든 게오르크 대공(大公)[36]이 합동해도 마귀 하나를 당하지 못한다. 그리고 나는 마귀를 무서워하지 않는다. 나는 죽더라도 교황이나 황제의 손아귀에서 죽느니 차라리 마귀의 손아귀에서 죽기를 바란다. 왜냐면 나는 어쨌거나 세계를 다스리는 위대하고 막강한 군왕의 손아귀에서 죽어야 하기 때문이다. 그러나 만약 내가 마귀의 손아귀에서 죽는다면, 마귀는 나를 뜯어먹다가 목메어 질식할 것이다. 그래서 그는 나를 울컥 토해버릴 것이다. 그러므로 나는 최후심판일(最後審判日)에 그를 게걸스레 먹어치워서 응징하겠다.

여타 모든 수단을 소진한 루터는 마귀가 우스개용 언행(유머)을 견디지 못한다는 사실을 알아챘다. 루터의 설명대로라면, 루터가 정신적으로 번민하던 시간에 마귀는 루터로 하여금 루터 자신의 구원받을 가능성을 의심시키려고 루터의 죄업을 루터의 면전에 가져다가 쌓았다. 또한 루터는 기독교 경전의 구절들을 복창해도 큰 소리로 기도해도 마귀를 물리치지 못하면 마귀에게 다음과 같이

---

36)【Duke Georg(1471~1539): 루터의 기독교 개혁(이른바 종교개혁)을 반대한 독일의 작센 대공(Duke of Saxony). 턱수염 게오르크(Georg der B rtige)라고 별칭된다. 작센(Saxon; Sachsen)은 색슨족(Saxon族)이라고 호칭되는 작센족(Sachsen族)이 주로 거주한 독일 북서부지역의 옛 지명이기도 하다.】

질문하곤 했다.

> 마귀여, 만약, 네가 말하듯이, 나의 죄업 때문에 그리스
> 도께서 흘리신 성혈(聖血)조차 나의 구원을 충분히 보장
> 해주지 않는다면, 네가 나를 대신하여 신께 나를 구원해
> 달라고 기도할 수는 없겠는가, 마귀여?

　마귀는 이 질문을 받을 때마다 달아나버렸다. "왜냐면 거만한
마귀는 경멸을 참지 못하기 때문이다."[37]

　루터가 "마귀를 상대한 씨름"이라고 지칭한 것을 오늘날의 우
리는 "의기소침한 정신들"에게 요구한다. 오늘날의 인생은 확실히
루터 시대의 인생보다 훨씬 무미건조하다. 오, 인간은 대관절 어떤
영혼을 가졌어야 하랴. 수많은 인간을 짓뭉개버릴 만큼 육중한 감
정에 짓눌린 인간은 필시 지구마저 짓밟아 유린했으리라!

---

37) 【quia est superbus spiritus et non potest ferre contemptum sui: 이것은 루터의 《좌담
　　집》에 기록된 루터의 발언이다.】

제2부

종교개혁 시대의 악마들

기독교 개혁은 비록 여러 방면으로 진행된 중대한 발전을 촉진했지만 악마의 존재를 믿은 신념을 급변시키지는 못했다. 그래도 사탄을 심리학적으로 해석하는 추세는 점점 더 확연해진다. 이런 추세는 '무서운 자연현상들에 혹은 우리를 둘러싼 환경의 객관적 현실에 사탄이 잠복하다가 우리의 심중에서 온갖 유혹의 형태로, 미혹과 야심과 허영심의 형태로, 횡재와 권력과 세속적 쾌락들을 추구하는 허욕의 형태로 출몰할 것이라고 예상하던 추세'를 대신한다.

기독교는 보수적인 가톨릭교(천주교)와 진보적인 프로테스탄트교(개신교)로 양분되었다. 가톨릭교는 로마 교회의 영적(靈的) 주권을 믿는 신앙을 고수했고, 프로테스탄트교는 로마 교회의 전통적 권위를 반대하며 생활의 다양한 방식을 개혁하라고 극렬하게 요

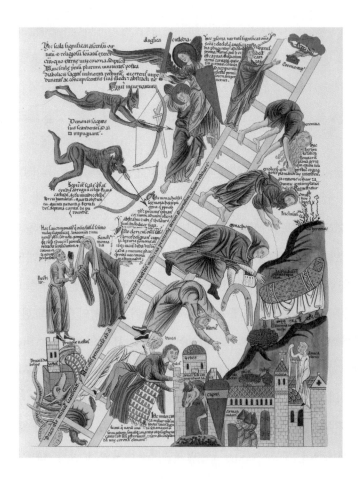

이것은 스위스 출신 대수녀원장 겸 작가 헤라드 폰 란스페르크(Herrad von Landsberg)(헤라드 폰 호헨부르크Herrad von Hohenburg=헤라디스 란스베르겐시스Herradis Landsbergensis, 1130~1195)가 편찬한 백과사전 《환희동산(Hortus Deliciarum)》(1167-1185)에 수록된 삽화의 모사본이다. 《환희동산》은 12세기 후반에 기독교 수도승들의 교재로 사용되도록 집필되었다. 이 삽화에는 생명의 영관(榮冠)을 받으러 생명 사다리를 올라가는 수도승들을 꾀어 추락시키는 다양한 유혹들이 묘사되었다. 그런 유혹들에는 도시생활과 화려한 의복뿐 아니라 수도원장들의 군권(軍權)과 세속적 향락에 이바지한 고급 모피, 돈, 푹신한 침대, 취미용 원예(園藝) 같은 것들도 포함된다.

구했다. 이렇게 불안한 시대는 풍자하고 야유(揶揄)하는 자들에게 유리한 시대였다. 그래서 악마는 두 교파 중 어느 파의 논증에서나 자연스럽게 중요한 역할을 담당했다.

게다가 종교개혁자들의 도덕적 성실성은 로마 교회의 빈번하고 극악한 권력남용을 포기하도록 로마 교회를 압박했다. 그리하여 이미 개혁된 교회들뿐만 아니라 심지어 로마 교회마저 종교개혁의 축복들을 누렸다. 그런 와중에 예수회[1]가 주동한 반(反)종교개혁은 열렬한 종교적 신앙심에서 유래한 가장 진지하고 엄숙하게

---

1) 【Jesus會(Jesuits): 16세기중엽 에스파냐 가톨릭교 사제 겸 신학자 이그나티우스 데 로욜라 Ignatius de Loyola(1491~1556)가 프로테스탄트교에 대항하여 가톨릭교를 발전시키려고 조직한 수도회.】

이 삽화에 묘사된 것은 17세기에 공연된 로마 가톨릭교를 풍자한 해학극의 한 장면이다. 이 삽화의 중앙에 묘사된 로마 제국을 상징하는 건축물의 현판에는 "지옥의 관문들은 그것을 이기지 못하리라"라는 문구가 각인되었다. 개혁당한 가톨릭교를 신봉한 독일 군주들은 악마들의 무리에 섞인 인물들로 묘사되었다. 이 삽화의 중앙 하단에 넘어진 남자는 팔라틴 백작(Count Palatine, 자신의 영토 안에서 왕권의 일부를 행사할 수 있었던 중세의 영주)이자, 스코틀랜드 잉글랜드 국왕 제임스 4세 겸 1세(James VI and I, 1566~1625)의 사위이며, 보헤미아의 왕위에서 갓 폐위된 프리드리히 5세(Frichdrich V, 1596~1632)이다. 이 삽화의 중간 우측에는 작센(Sachsen)

선제후(選帝侯)이자 루터주의자(Lutheran)인 프리드리히 3세(Friedrich III, 1463~1525)가, 중간 좌측에는 칼뱅주의자들에게 협조하기를 거부한 이탈리아 도시 베네치아(Venezia)가 묘사되었다. 이 삽화는 "기독경전을 연구한 학자들에게 파악될 수 있는 것을 일반인에게 쉽게 설명해주려"는 취지로 그려졌다. 칼뱅주의(Calvinism)는 프랑스와 스위스에서 활동한 종교개혁자 장 칼뱅(Jean Calvin, 1509~1564)의 신학과 교설을 추종하거나 신봉하는 프로테스탄트교의 일파이다. 또 다른 프로테스탄트교의 일파인 루터의 신학과 교설을 추종하거나 신봉하는 루터주의(Lutheranism)가 '루터교'로도 지칭되듯이, 칼뱅주의도 '칼뱅교'로 지칭될 수 있을 것이다.

순수한 운동이었다. 그러나 반종교개혁은 처음부터 조잡한 미신과 흡사한 신비주의에 물들면서 암담해졌다. 더구나 종교개혁반대자들은 자유와 진보와 과학적 탐구를 애호하는 심정을 결여했을 뿐 아니라 프로테스탄트교의 옹호자들을 특징짓던 진리탐구욕마저 결여했다.

그렇지만 종교개혁반대자들이 도덕적 요소를 최전면에 내세웠다는 사실, 그리고 이것을 계기로 가톨릭교파와 프로테스탄트교파가 도덕을 종교의 궁극적 시금석으로 삼아야 할 필요성에 동의하기 시작했다는 사실은 주목받을 만하다.

사탄을 죄악과 유혹으로 간주하는 개념은 새로운 것이 아니다 (이것은 《환희동산》의 삽화들에도 이미 담긴 개념이었다). 그러나 죄악과 유

혹의 개념은 이제 주관적 상태들의 심리적 조건으로 간주되면서
더 선연하게 이해되기 시작한다.

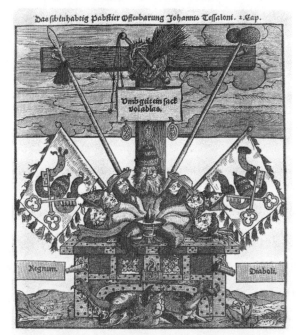

면죄부를 팔아먹는 교황을 프로테스탄트교의 관점에서 풍자한 이 삽화는 스위스 작가 오토 헨네 암 린(Otto Henne am Rhyn, 1828~1914)이 소장한 16세기에 작성된 어느 전단지(Flugblatt)에 인쇄된 것이다.

제1장

루터의 마귀론

루터는, 자신의 마귀론(demonology) 속에서는, 시대의 진정한 아들이었다. 그는 도처에서 악마를 목격했고, 악마를 상대로 줄기차게 투쟁했으며, 신을 확신하는 신앙으로써 악마를 굴복시켰다. 루터는 교황을 사탄의 화신으로 간주했거나 적그리스도(안티크리스트 Anti-Christ)로 간주했고, 로마 교황청을 악마의 왕국으로 간주했다. 루터는 악마를 다음과 같이 표현한다.

> 그리하여 이 세상에 득실거리던 악마들은
> 우리를 파멸시키겠다고 위협했지만,
> 신께서 당신의 진리로 우리를 승리시키실 테니
> 우리는 두려워하지 않으리.

우리의 오래된 악랄한 적수는

아직도 비참한 환란을 획책한다네.

그놈의 수법과 권력은 강대하고

참혹한 증오심으로 무장했네.

세상 누구도 그놈에게 필적할 수 없네.

……

이 세상의 군왕은

기치를 올렸지만,

아무도 해치지 못할 텐데

왜냐면 그는 완전히 파멸해서

거의 아무 변명도 못할 것이기 때문이네.

루터에게 악마는 실재하는, 생동하는 권력자, 구체적인 인격체였다. 루터는 악마를 선량한 주님의 교수형집행자, 선량한 주님의 분노와 천벌의 도구로 묘사하곤 했다.[2] 신은 악마의 시중을 받아야 하고, 악마의 악행을 이용하여 선(善)을 산출한다.[3]

악마의 존재를 믿은 루터의 신념은 매우 현실적인 신념일뿐더러 거의 유아스러울 정도로 순진한 신념이다. 루터는 일할 때에는

---

2) 【요한 게오르크 발크(Johann Georg Walch, 1693~1775)가 편찬한 마르틴 루터의 《좌담집》 제5권 제839, 1109행; 제8권 제1234행; 제10권 제1257행; 제12권 제481, 2043행.】
3) 【앞 책, 제10권1259행.】

악마의 줄기찬 간섭에 대비했고 휴식하기 전에는 악마의 훼방을 예상했다. 루터는 악마를 두려워하지 않았지만, 악마를 굴복시키려던 루터의 노력들은 루터가 악마를 아주 강력한 존재로 생각했다고 충분히 증명해준다. 루터는 설령 도시의 가옥 지붕들에 깔린 모든 기왓장이 악마들이라도 자신은 그것들을 벌레 잡듯이 잡아내겠다고 장담했다. 바이블을 번역하던 루터는 자신을 비웃는 마귀를 목격하고 자신의 사탄 폐하에게 잉크병을 집어던졌다.[4]

그러면서 루터와 악마는 점점 더 친해졌다. 《좌담집》에는 루터가 다음과 같이 말했다고 기록되었다.

오늘 아침 일찍 잠깬 나에게 마귀가 다가오더니 나를 상대로 논쟁을 시작했어. 마귀가 "그대는 대죄인(大罪人)이야"라고 말하더군. 그래서 나는 "사탄, 뭔가 새로운 것을 나에게 말해줄 수는 없겠나?"라고 반문했지.

루터는 악행을 획책하는 마남[5]들과 마녀들을 돕는 악마의 마력이 존재한다고 믿고파 했다. 루터는 기독교 신학자 겸 철학자 우

---

4) 【이 일화는 비록 의심스러워도, 루터의 성격이 감안되면, 실제로 발생했을 가능성뿐 아니라 개연성마저 겸비한다. 이것이 만약 루터가 악마를 향해 잉크병을 집어던졌다는 대목을 포함하지 않았다면 오히려 더욱 그럴싸한 일화로 평가될 수 있을 것이다. 이런 의미에서 이 일화는 사탄을 바라보는 루터의 관점을 탁월하게 묘사한다.】
5) 【魔男(wizard): 이 낱말은 한국에서 여태껏 '마법사魔法師'로 번역되었다.】

두 그림 중에 위의 것은 스위스 출신 브리튼 화가 헨리 퓌슬리(Henry Fuseli, 1741~1825)의 1781년작 유화 〈악몽(The Nightmare)〉인데 인쿠보를 예시한다. 아래의 것은 프랑스 조각가 오귀스트 로댕(Auguste Rodin, 1840~1917)의 1889년작 조각품 〈수쿠보(La Succube)〉이다.

구스티누스(Augustinus, 354~430)의 견해를 추종하면서 몽중남마들과 몽중여마들[6]의 존재 가능성을 인정했다. 왜냐면 젊은 미남의 외모를 가진 사탄은 소녀들을 유혹하기를 즐기기 때문이다.

게다가 뒤바뀐 아이들[7]에 얽힌 미신마저 용인한 루터는 아이들을 뒤바꾸는 악행을 일삼는 마녀들은 죽어 마땅하다고 단언했다. 그러나 어느 날 실제로 아이가 뒤바뀐 사건이 발생했고, 그 사건을 담당한 판사가 루터에게 조언을 구하자, 루터는 지극히 신중하고 면밀한 조사를 강조했다. 루터는 판사에게 보낸 편지에 다음과 같이 썼다.

> 저는 귀하께 일말의 의혹도 남기지 않도록 사건의 전말을 철두철미하게 조사해보시라고 부탁드립니다 …… 왜냐면 저는 여태껏 도저히 믿지 못할 속임수, 협잡, 날조, 거짓말, 변절 따위를 많이 경험해봤기 때문입니다. 그러므로 귀

---

6) 【'몽중남마(夢中男魔)들'은 '인쿠비(incubi; 인큐바이)'의 번역어이고 '인쿠보(incubo)(인큐버스incubus)'의 복수형이다. '몽중여마(夢中女魔)들'은 '수쿠비(서큐바이, succubi)'의 번역어이고 '수쿠보(succubo)(서큐버스succubus)의 복수형이다. 그런데 한국에서는 여태껏 이들의 성별이 대체로 무시되어 몽중남마는 '악몽' 또는 '몽마(夢魔)'로 번역되었고 몽중여마는 '마녀'로 번역되곤 했다. 이런 정황이 감안되면, 이 인쿠비(인큐버스)와 수쿠보(서큐버스)는 각각 '몽중마남(夢中魔男)'과 '몽중마녀(夢中魔女)' 혹은 '남몽마(男夢魔)'와 '여몽마(女夢魔)'로도 번역될 수 있고, 혹시라도, 무성어(無性語) 또는 겸성어(兼性語)로 쓰이면 '몽마, 몽귀(夢鬼), 몽마귀(夢魔鬼)' 따위로 총칭될 수 있을 것이다.】

7) 【changelings(elf children): 요정이나 마남이나 마녀가 예쁜 아이들을 납치하면서 두고 가는 다른 못난 아이들.】

하께서 오판하지 않도록, 그리고 제가 귀하의 오판 때문에 오판하지 않도록, 귀하께서 충분하다고 확신하실 때까지 철저히 조사하시기 바랍니다.[8]

악마를 가늠한 루터의 견해들은 실제로 동시대인들의 견해들만큼 유치했다. 그러나 설령 그랬어도 종교개혁이 진보를 전혀 완수하지 못했으며 악마론의 야만적인 미신들을 결코 진압하지 못했다고 종교개혁을 비난하는 언사는 경솔한 것일 수 있다. 루터에게 인식된 신(神)의 개념은 동시대의 교리를 이끈 지도자들과 교황들에게 인식된 신의 개념보다 더 순수하며 고상했다. 그래서 루터의 신앙은 비록 유치하고 조잡했어도, 하여간에, 더욱 순수한 개념들로 귀결했는데, 그것들이 바로 오래된 전통적 이원론(二元論, dualism)[9]을 차츰 극복해갈 개념들이었다.

루터는 그리스도가 인류의 구세주로 인식되어야 마땅할뿐더러 모든 인간은 "그분께는 저를 인격적으로 그리고 개인적으로 구원

8) 【이 대목은 안드레아스 앙겔루스(Andreas Angelus)(안드레아스 엥겔Andreas Engel, 1561~1598: 독일 성직자 겸 역사학자)의 《브란덴부르크 공국의 역사(Annales Marchiae Brandenburgicae)》(1598, p. 326)에 기록되었고, 빌헬름 고틀리프 졸단(Wilhelm Gottlieb Soldan, 1803~1869: 독일 교사 겸 역사학자)의 《마법의 역사(Geschichte der Hexenprocesse)》(1843, p. 302)에 인용되었다.】
9) 【예컨대, 다음과 같은 진술도 이원론을 반영한다. "우리의 세계는 대립자들의 세계이다. 세계에는 빛과 그림자, 열기와 냉기, 선과 악, 신과 악마가 존재한다."(폴 캐러스, 《악마와 악개념의 역사》, p. 1.)】

루터 시대에 독일에서 제작된 신원미상 화가의 목판화

악의 개념을 근대적으로 묘사한 이 유화는 독일 화가 루돌프 헨네베르크 (Rudolf Henneberg, 1825~1876)가 1868년에 완성한 것이다. 이런 악의 개념은 제2장에 인용된 목판화 〈불순한 악마〉에서도 표현된다.

하시러 오셨노라"고 말할 수 있어야 마땅하다고 역설했다. 그래서 루터는 종교생활을 인간들의 심중으로 이입시켰다. 그리고 루터는 '각자의 본성과 생명을 겨냥한 사탄의 유혹들을 개인적으로 극복 하지 못한 인간들은 교회에서 아무리 열심히 예배해도, 면죄부를 받아도, 성례(聖禮)들을 아무리 정성껏 치러도 결코 구원받지 못한 다'고 선언했다. 루터의 관점에서 성례와 예배는 인간들을 결코 구원할 수 없기 때문에 설교단과 제단은 지극히 위험한 우상들이다. 설교단과 제단은 인간들을 돕도록 설치된 상징물이다. 예배가 고유한 어떤 효험을 발휘한다고 믿는 사람들은 희생제물과 불제의례 除儀禮(액막이굿) 따위로 악귀와 액운을 물리칠 수 있다고 믿는 페이건[10] 관념의 영향권을 아직 벗어나지 못했다.

---

10)【pagan(파간): 이 낱말은 "이교(異敎)"라고 번역된 "페이거니즘(paganism; 파가니즘)"이라고 발음되는 낱말을 파생시켰으며, 한국에서는 여태껏 "이교도(異敎徒)"라고 번역되었다. 그러나 이런 번역어들은 많은 오해의 소지를 낳았다. 왜냐면 본시 "중동지역의 사막에서 발생한 종교들인 이른바 '아브라함계(Abraham系) 3대 유일신교(唯一神敎) — 유다교(Judaism; 유태교; 猶太敎; 유대교; Judae敎), 기독교(Christianity; 크리스토스교; Christos敎; 그리스도교; 크리스트교; Christ敎), 이슬람교(회교; 回敎)' — 와 그것들의 신자들"이 아닌 "다른 종교들, 그러니까 비(非)유태교, 비(非)기독교, 비(非)이슬람교, 다신교(多神敎), 애니미즘, 샤머니즘(Shamanism), 토테미즘(Totemism), 무속종교(巫俗宗敎), 토속종교(土俗宗敎) 따위들과 그것들의 신자들"을 총칭하는 "페이거니즘(파가니즘)"과 "페이건(파간)"이라는 낱말들을 단순히 "이교"와 "이교도"로만 인식되게 만든 다소 안이한 번역관행은 오직 아브라함계 3대 유일신교의 관점만 반영하기 때문이다. 그렇다고 두 낱말이 모든 경우에 이처럼 아브라함계 3대 유일신교의 관점만 반영하는 "이교"와 "이교도"라는 번역어들을 대신하여 "비(非)아무개교"와 "비(非)아무개교신자·교인·교도" 따위로 번역될 수만도 없다. 왜냐면 이런 낱말들은 번역과정뿐 아니라 독자들의 읽기과정마저 번거롭게 만들 수도 있기 때문이다. 그래서 "페이건(파간)"과 "페이거니즘(파가니즘)"은 화자(話者)나 주체의 종교적 관점(즉 3대 유일신교의 관점)을 반영하거나 내포하거나 암시하는 인용문에나 문장에 사용되면 "이교도"와 "이교"로 번역될 수 있겠지만, 3대 유일신교의 관점을 벗어난 화자나 주체의 견해와 사실을 피력하거나 거론하거나 반영하는 인용문에나 문장에 사용되면, 더구나 다른 적합한 번역어도 딱히 없다면, '3대 유일신교의 편파적 관점'을 피하면서도 본뜻을 충분히 전달하여 이해될 가능성(이른바 가독성)을 획득할 수 있도록, 번역되지 않고 그대로 사용될 수밖에 없을뿐더러 또 그대로 사용되는 편이 더 나을 것이다.】

제2장

루터의 계승자들

루터는 모든 박해를 본능적으로 혐오하면서도 마녀 박해의 근본원인을 제공한 신념들을 고수했다. 그래서 심지어 프로테스탄트교를 신봉한 나라들에서도 종교재판이 끔찍한 박해들을 재발시켰다는 사실은 놀랍지 않다.

프로테스탄트교의 악마론을 예시하는 가장 진기한 문헌은 독일 출판업자 지그문트 파여라벤트(Sigmund Feyerabend, 1528~1590)가 편찬한 《악마극장(Theatrum Diabolorium)》(1575)이다. 이 두꺼운 편저에는 악마들의 존재방식, 능력, 성질, 행실과 관련된 루터 추종자들의 정통적(正統的) 견해들이 집대성되었다.

악마의 존재를 믿은 루터의 신념은 비록 투박했지만, 심지어 파여라벤트의 편저에서도 그의 종교적 감정은 도덕적으로 강대하

기독교 개혁 시대의 독일에서 제작된 신원미상 화가의 이 목판화는 사탄 개념의 주관성을 예시한다.

게 표현되며, '모든 인간은 개인적으로 악의 세력을 상대한 전쟁을 성질하게 치러야 하고, 여느 교회도 여느 성자의 기도도 여느 신앙 형식이나 의례도 구원능력을 일절 발휘하지 못한다'는 그의 주장은 엄숙하게 피력된다. 루터의 추종자들은 루터의 모든 투박한 신념을 계승했을 뿐 아니라 루터의 도덕적 엄숙성마저 얼마간 계승했지만, 루터의 정신적 과단성만은 계승하지 못했다.

제목에도 드러나듯이 "유용하고 인상적인 책"으로 평가되는 파여라벤트의 《악마극장》은 독일 루터주의 성직자 요도쿠스 호케루스 오스나부르겐시스(Jodocus Hockerus Osnaburgensis)(요도쿠스 호커 Jodocus Hocker, ?~?), 독일 루터주의 신학자 겸 역사학자 헤르만누스 하멜만누스(Hermannus Hamelmannus)(헤르만 하멜만Hermann Hamelmann, 1526~1595), 독일 루터주의 신학자 안드레아스 무스쿨루스(Andreas Musculus)(안드레아스 모이젤 Andreas Meusel, 1514~1581), 독일 프로테스탄트교 신학자 겸 시인 안드레아스 파브리키우스 쳄니켄시스(Andreass Fabricius Chemnicensis)(안드레아스 파브리키우스 Andreas Fabricius, 1528~1577), 독일 루터주의 성직자 루도비쿠스 밀리키우스(Ludovicus Milichius, 1530~1575)처럼 당대에 저명했던 몇몇 필자의 에세이를 아주 많이 포함한다. 요도쿠스 호커는 《악마극장》 제8장에서, 독일 신학자 겸 종교개혁자 마르틴 보르하우스(Marin Borrhaus, 1499~1564)의 계산법대로, 자그마치 2,665,866,746,664명에 달한다고 계산한 오즈나부르겐시스는 그런 악마들과 관련될 수 있는 거의 모든 문제를 제48장에서 설명한다. 다른 필자들은 특수한 악마들을 설명한다. 예컨대, 제6장에는 신성모독악마(Fluchteufel), 제7장에서는 춤꾼악마(Tanzteufel), 제8장에서는 공직자악마(Gesindteufel), 제9장에서는 사냥꾼악마(Jagdteufel), 제10장에서는 주정뱅이악마(Saufteufel), 제11장에서는 결혼악마(Eheteufel), 제12장에서는 불순한 악마(Hurenteufel), 제13장에서는 수전노악마(Geizteufel)와 고리사채업자악마(Wucherteufel), 제14장에서는 폭군악마(Schrapteufel), 제15장에서는 게으름뱅이악마(Faulteufel), 제16장에는 교만한 악마(Hoffartsteufel), 제17장에서는 늙은 어릿광대악마(Hosenteufel), 제18장에서는 노름꾼악마(Spielteufel), 제19장에서는 (다리우스[11]의 궁궐을 배경으로 전개되는 5막짜리 연극에 등장하는) 간신배악마(Hofteufel), 제20장에서는 역병(疫病)악마(Pestilenzteufel)가 설명된다.

제20장을 집필한 독일 성직자 헤르만 슈트라크(Hermann Strack, ?~?)는 다음과 같이 결론짓는다.

우리가 치료약을 얻을 수 있다면, 우리는 신의 귀중한 선물들을 경멸하지 말아야 할뿐더러 언제나 모든 시대에 오직 신에게만 의존하여 우리의 신념을 엄수하면서 주요한

---

11) 【고대 페르시아 국왕 다리우스 1세Darius I(서기전550~486). '다리우스 대왕'이라고도 호칭된다.】

독일 화가 한스 홀바인Hans Holbein(1497~1543)의 목판화.

파여라벤트의 《악마극장》에 수록된 삽화

위안을 구해야 하리라.

스위스 외과의사 겸 작가 야콥 루프(Jakob Ruf, 1505~1558)는
《악마극장》에서 설명된 것과 동일한 악마 개념을 조금 시적(詩的)
인 필치로 설명한다. 야콥 루프는 욥 이야기와 포도원 우화[12]를 활
용한 희곡을 집필했다. 1539년 5월 26일 스위스 취리히(Zurich)에
서 그 희곡을 대본으로 초연된 연극에 등장한 사탄은 포도원 소
작인들을 배은망덕한 과욕에 빠뜨려서 포도원 주인의 아들을 살
해하게 만든다.

이렇게 악마의 개념을 설명하려는 거의 모든 문헌은, 비록 문학
적 권유나 신학적 훈계나 목가적 교훈을 부실하게 포함하지만, 인
간의 악습들에서 악마를 발견하는 합리적 성향을 드러낸다. 합리
적으로 악마를 발견하려는 이런 방법은 점점 더 널리 인정받았다.
그러다가 프로테스탄트교 신학자들이 사탄 자체는 단순한 추상개

---

12) 【'욥Job 이야기'는 기독교구약경전《욥기》의 줄거리를 가리키고, '포도원葡萄園 우화寓話'는 기
독교신약경전《루가 복음서》제20장 제9~16절,《마르코 복음서》제12장 제1~9절,《마태오 복음
서》제21장 제33~21절에 나오는 예수의 다음과 같은 비유담比喩譚이다. "포도원을 조성한 어느
지주는 소작인들에게 포도원을 맡기고 장기간 외유했다. 포도를 수확하는 계절이 오자 지주는
소작료를 받아오도록 하인 한 명을 포도원으로 보냈다. 그러나 소작인들은 하인을 두들겨 패고
빈손으로 돌려보냈다. 지주는 다른 하인을 포도원으로 보냈지만, 소작인들은 그 하인마저 구타
하고 욕보여서 빈손으로 돌려보냈다. 그래도 지주는 또 다른 하인을 포도원으로 보냈는데, 그
하인마저 소작인들한테 심하게 얻어맞고 쫓기듯이 돌아왔다. '이제 어찌할까? 이번에는 나의
사랑스러운 외아들을 보내야겠군. 그놈들이 설마 나의 아들도 몰라보랴.' 이렇게 생각한 지주는
아들을 포도원으로 보냈다. 그러나 소작인들은 지주의 아들을 보더니 '저놈이 지주의 상속자이
다. 죽이자. 그러면 우리가 이 포도원을 독차지할 수 있다'고 담합하여 지주의 아들을 포도원 밖
으로 끌어내 살해했다. 이렇다면 지주는 소작인들을 어찌해야겠느냐? 지주는 포도원으로 돌아
가서 그들을 죽이고 다른 소작인들에게 포도원을 맡기리라."】

이 삽화들은 독일 문헌학자 겸 문학역사학자 구스타프 퀸네케(Gustav
K nnecke, 1845~1920)가 수집한 16세기 목판화들이다. 이 삽화들에 차
례대로 묘사된 장면들 각각은 1539년 5월 26일 스위스 취리히에서 초연
된 야콥 루프의 희극희곡(喜劇戲曲)《포도원의 소작인들: 마태오 복음서
제21장, 마르코 복음서 제12장, 루가 복음서 제20장에 나오는 우화를 토
대로 각색된 연극(Von dess herren wingarten: ein huipsch nuiw spil

gezogen usz Mateo am 21, Marco am 12, Luca am 20 Capitel)》에 나오
는 '가톨릭주교의 예복을 입은 사탄이 요리사의 조력을 받으며 포도원 소
작인 차하리야(Zacharijah)를 살해하는 장면,' '변장한 사탄이 포도원에
나타나는 장면,' '포도원 주인의 아들이 피살되는 장면,' '지옥의 입구에서
사탄이 포도원 주인 아들의 죽음을 통보하는 장면'이다.

념이자 의인화된 악(惡)에 불과하다고 과감하게 직접 단언한 근래에는 이런 방법이 확실히 정착되었다. 그러나 이런 진보는 일거에 달성되지 않았다. 인류는 무엇보다도 요동치는 의견들, 상충하는 진술들, 불확실한 지식들, 악의적인 논쟁들, 절박한 진리탐구로 점철된 기나긴 세월을 먼저 통과해야만 했다.

제3장

셰익스피어의 악마와 밀턴의 사탄

프로테스탄트교의 악마는 가톨릭교의 악마보다 조금 더 세련되게 발전했다. 왜냐면 프로테스탄트교를 신봉한 나라들의 문명이 괄목하게 발전하면서 악마도 발전했기 때문이다. 괴테의 《파우스트》 제1부 〈마녀의 부엌〉에서 메피스토펠레스는 다음과 같이 말한다.

세상 전체를 반질반질하게 연마(研磨)해버리는 문화는
악마의 지팡이들마저 연마하려고 든다는 말이야

15세기 초반에 활동한 스코틀랜드 시인 앤드루 윈턴(Andrew Wyntoun, 1350~1425)과 셰익스피어를 비교하는 작업은 이런 발전

잉글랜드 화가 겸 동판화가 존 길버트John Gilbert(1817~1897)가 셰익스피어의 비극희곡《맥베스(Macbeth)》제4막 제1장을 묘사한 동판화

과정을 확인시켜줄 수 있다. 윈턴의 마녀들은 추악하고 간악한 노파들이다. 셰익스피어의 마녀들은 비록 결코 아름답지는 않아도 흥미롭게 시적(詩的)으로 묘사된다. 셰익스피어의 마녀들은 "워낙 허름하고 낡은 옷을 입어서 이 세상의 사람들로 보이지는 않지만 이 세상에 존재한다."

이 인용문은 유혹을 상징하는 시적(詩的) 허구이다. 그리고 이런 의미에서 셰익스피어는 '악마'라는 낱말을 자주 사용한다. 셰익스피어는 "아이의 눈(目)에는 도화지에 그려진 악마도 무섭게 보여"라고 썼다. 어떤 악마는, 셰익스피어의 표현대로라면, 포도주에 잠복한 보이지 않는 악령이다. 셰익스피어는 비극희곡 《햄릿(Hamlet)》에서 "악마는 자신을 상냥하게 보이도록 변장할 능력을 가졌다"고 표현했다. 그래서 이 문장의 의미는 확실히 심리학적인 것이다. 왜냐면 우리는 《햄릿》에서 폴로니어스(Polonius)가 자신의 딸 오필리어(Ophelia)에게 해주는 다음과 같은 말에서도 그런 의미를 확인하기 때문이다.

우리가 헌신적인 표정으로 경건하게 행동하면 악마조차
감미롭게 만들 수 있지.

프로테스탄트교의 악마는 밀턴의 마무리손질을 받으면서 시적(詩的) 인물로 거듭난다. 그리하여 밀턴의 악마는 영혼의 고귀성,

도덕적 설득력, 독립성, 인간성을 획득한다. 하지만 그 악마의 선조들 중 누구도, 예컨대, 사탄과 아자젤[13]도 이런 성격들을 획득하지 못했으며 그 악마의 친척뻘인 이집트의 튀폰과 페르시아의 아리만[14]도 이런 성격들을 획득하지 못했다. 프랑스 비평가 겸 역학자 이폴리트 텐(Hippolyte Taine, 1828~1893)은 밀턴의 사탄이 가진 특징을 가장 인상적으로 묘사한다. 텐은 밀턴이 아담과 이브를 밀턴 시대의 부부처럼 대화하는 남녀로 묘사했다고 밀턴을 비웃는다.

나는 귀를 기울이고, 잉글랜드의 어느 가정집에서 -허친슨 대령과 그의 아내[15] 같은- 당대의 두 논객이 나누는 대화를 경청한다. 하느님! 그들에게 옷을 입히소서! 저토록 세련된 가족은 바지 한 벌을 가장 먼저 장만했어야 했다.

텐은 선량한 신을 닮은 인간을 더욱 신랄하게 비판한다. 그리고 "신과 사탄은 극명하게 대조된다!"고 말한 텐은 다음과 같이 논

---

13) 【Azazel: 아지엘(Aziel)이라고 별칭되는 이 악마는 본서 제4부 제1장에서 참조될 수 있다.】

14) 【튀폰Typhon은 그리스 신화에 나오는 가장 사나운 거대괴물-뱀이지만, 서기전500년경부터 이집트의 파괴신(破壞神) 세트(Set; Seth)와 동일시되었다. 아리만(Ahriman)은 페르시아 사산(Sasan) 왕조시대(224~654)에 조로아스터교(Zoroaster敎; 차라투스트라교; Zarathustra 敎)의 창조신 아후라마즈다(Ahura Mazda)와 상반되는 파괴신 앙그라마이뉴(Angra Mainyu)와 동일시되었다.】

15) 【허친슨 대령은 잉글랜드 정치인 존 허친슨John Hutchinson(1615~1664)이고, 그의 아내는 잉글랜드의 시인, 번역가, 전기작가(傳記作家)인 루시 허친슨Lucy Hutchinson(1620~1681)이다.】

평한다.

밀턴의 야훼는, 찰스 1세[16]와 엇비슷하게, 자신에게 걸맞은 나라를 다스리는 침통한 왕이다.

괴테의 신이 절반은 추상개념이고 절반은 전설이며, 잔잔한 예언들의 원천이고, 황홀한 비극합창악절들의 피라미드 뒤에서도 정확하게 보이는 미래상이라면 밀턴의 신은 사업자, 학교장, 선전원이므로 괴테의 신은 밀턴의 신을 훨씬 능가한다! 나는 밀턴의 신을 워낙 존경하기 때문에 그 신에게 이런 직함들을 헌정한다. 그는 더 나쁜 악명을 얻을 만하다.

게다가 그는 군사훈련교관처럼 말한다. "전방부대, 좌우로 전개." 그는 공직자로 변신한 전직 도축업자 해리슨[17]처럼 빈정거리는 둔사(遁辭)들을 서툴게 사용한다. 하느님 맙소사! 그의 이런 말투는 낙원을 아주 혐오스럽게 만들어버린다. 우리는 그런 낙원에 들어가느니 차라리 찰스 1세

---

16) 【찰스 1세(Charles I, 1600~1649)는 잉글랜드 국왕으로 1625~1649년까지 스코틀랜드와 아일랜드를 한꺼번에 통치했다.】

17) 【Richard Harrison(?~1653): butcher who became an alderman and was four times mayor of 잉글랜드 중부의 스태퍼드셔(Staffordshire)주 뉴캐슬언더라임(Newcastle-under-Lyme) 시장(市長)을 네 차례 역임했다.】

의 아첨꾼부대에나 크롬웰의 철기군(鐵騎軍)[18]에 들어가겠
다. 우리는 일과표, 계급, 명확한 복종규칙, 특별한 임무들,
쟁점들, 규정된 의례들, 항복절차들, 예의범절, 정비된 무기
들, 병기고(兵器庫), 군수품보관소를 보유했다.

사탄의 거처는 엄청나게 다르다. 텐은 다음과 같이 말한다.

　　이 낙원과 이어진 가장 세련된 것은 지옥이다.
　　단테[19]의 지옥은 가장 깊은 구렁텅이에까지 층층이 배치
된 옥방들을 갖춘 고통지옥에 불과하다.

밀턴의 지옥은 독립된 피신처이다. 그곳은 황량할 수도 있다.
하지만 그곳은 비열한 노예근성을 경멸하는 자유의 본산이다. 밀
턴은 그곳을 다음과 같이 묘사한다.

　　이윽고 마지막 대천사는 다음과 같이 말했다.
　　"이 지역, 이 땅, 이 나라, 이 영토는
　　우리가 천국으로 변화시켜야 할 곳이 아닌가? 이토록 침
울한 암흑을

---

18)【철기군(Ironsides)은 크롬웰이 지휘한 기병대였다.】
19)【Dante(1265~1321):《신곡(神曲, Divina Commedia)》(1320)을 집필한 이탈리아 시인.】

저토록 밝은 천국의 광명으로 변화시켜야 하지 않겠는
가? 이곳이 그렇게 변한다면,

이제 이곳의 통치자는 당연지사(當然之事)를 처리할 수 있
고 명령할 수 있다. 그분한테서 가장 멀리 떨어진 곳이 가
장 좋은 곳이다.

나의 이성(理性)은 여태껏 최대권능을 행사하신 그분의
이성에

필적하기 때문이다. 잘 가라, 낙원이여,

영원한 희락의 처소여! 어서 오라, 끔찍한 것들이여, 반
갑구나,

흉악한 지옥이여! 그리고 그대, 가장 심오한 지옥이여,

그대의 새로운 주인을 영접하라.

장소나 시간이 변해도 정신은 변하지 않는다.

정신은 고유한 장소이므로 자신의 내부에

지옥의 천국을 만들 수 있고 천국의 지옥을 만들 수 있다.

내가 전혀 변하지 않는다면, 내가 어디에 있든

무엇이 되건 무슨 상관이랴? 나는 단지 그분처럼 천둥벼
락만 부리지 못할 뿐

그분 못지않게 강대하지 않은가? 적어도 이곳에서만은

우리가 자유를 누리리라. 전능한 신께서는 질투심에 휘
둘려

이곳을 만드시지 않았으므로, 이제부터 우리를 다스리시
지도 않으리라.
　이곳에서 우리는 확고한 통치권을 행사할 수 있고, 설령
지옥에서도
　군림하기로 선택한 나의 작심은 값진 야심이다. 왜냐면
　천국에서 복종하기보다 지옥에서 군림하는 편이 더 낫기
때문이다."[20]

　밀턴의 사탄을 《잃어버린 낙원》의 주인공으로 간주한 견해는
여태껏 자주 피력되었다. 실제로 밀턴의 사탄은 영어문학계에서
배출된 가장 위대한 종교서사시의 등장인물들 중에 가장 많은 공
감을 받는 인물로 보인다. 우리는 반드시 자존심을 유지해야만 그
사탄의 긍지를 인정할 수 있다. 사탄은 다음과 같이 외친다.

　이제 회개해야 할 곳도 없고
　용서받아야 할 곳도 없지 않은가?
　복종해야 할 곳밖에 남지 않았는데,
　나는 그토록 치욕스러운 낱말을 결코 입에 담지 않겠다.[21]

---

20) 【밀턴, 《잃어버린 낙원》 제1권 제242~264행.】
21) 【앞 책 제4권 제79~82행.】

그래서 밀턴의 사탄은 참으로 고귀하게 보인다! 밀턴은 잉글랜드 혁명[22]의 정신을 사탄에게 이입하여 의인화한다. 밀턴의 사탄은 무능한 정부에 항거한 국민의 명예와 독립정신을 재현한다. 사탄의 외모는 실력과 위엄을 증명한다.

여느 누구보다도
위풍당당하고 탁월한 풍모와 태도를 겸비한 그는
거대한 탑처럼 서 있었다[23]

그리고 사탄의 특징은 자유를 애호하는 성향이다. 이폴리트 텐은 사탄을 다음과 같이 묘사한다.

뿔난 마법사, 추잡한 어릿광대, 가소롭고 장난스러운 원숭이, 노파들의 무리를 이끄는 두목 따위로 묘사된 중세의 우스운 악마는 거인과 영웅으로 변했다.
그는 비록 미력해졌어도 여전히 고상해서 더 우월하다. 왜냐면 그는 행복한 노예상태보다는 괴로운 독립을 더 선호하고 자신의 패배와 고통을 영광, 자유, 환희로 여겨서 기꺼이 반기기 때문이다.

---

22) 【이것은 1642~1651년에 진행된 잉글랜드 내전(English Civil War)을 가리킨다고 짐작된다.】
23) 【앞 책 제1권 제589~591행.】

한 시대의 신(神)-개념이 지배계급의 보수주의를 구현하는 개념으로 변하면, 악마는 자신을 악마답지 않도록 더 신성하게 만들어주는 고상한 특징들을 자연스럽게 획득한다. 신의 명칭과 개념이 타락을 표현하도록 오용되면, 사탄이 신의 위상을 차지할 수도 있다. 만약 수세기 전에 프로테스탄티즘이 악마숭배자들을 악마의 자식들로 간주하여 비방하지 않았다면, 그리고 한때 세계에서 막강한 보수권력을 행사할 정도로 강대한 영향력을 획득하지 않았다면, 사탄의 이름으로 발전과 진보를 열망한 악마숭배자들의 새로운 분파가 출현했을 수도 있었다.

인간의 심장에 잠복하는 악마

> • 인간의 자연스러운 상태, 인간의 심장을 비추는 성령

이 두 삽화를 포함하여 이제부터 소개될 8장의 삽화는 독일 기독교성직자 겸 박애주의자 요한네스 고스너(Johannes Gossner, 1773~1858)가 1815년 편찬한 《인간의 심장(Das Herz des Menschen)》에 수록된 목판화들이다.

프로테스탄트교를 신봉한 나라들의 평민들은 《잃어버린 낙원》의 막강한 주인공을 전혀 몰랐다. 그들은 오직 기독교 신약경전에 나오는 사탄밖에 몰랐고, 진보하던 자연과학들의 영향을 거의 받지 않았으며, 초기 기독교신자들과 종교재판소의 도미니크회(Dominican Order) 수도사들도 그랬듯이 사탄을 심각하게 인식했다. 그러나 이런 평민들은 예전의 평민들과 달랐다. 왜냐면 종교개혁정신은 도덕적 정직성과 주관주의(sungectivism)를 동시에 내세우면서 평민들에게 의존했기 때문이다. 중간계급은 대체로 이전 시대의 일탈들에 희생당하지 않았다. 그들은 불제의례를 전혀 실행하

지 않았고, 박해하려는 성향을 일절 표출하지 않았으며, 다만 각자
의 영혼을 구원받으려고 노력했을 뿐이다.

영혼구원을 주제로 삼은 고전적 문학작품들은《순례자의 여정
(Pilgrim's Progress(천로역정天路歷程))》(1678)과《인간의 심장(The Heart of
Man)》이다. 심리학적 관점에서 매우 흥미로운 이 두 작품은 인간
의 내면을 성찰하는 지극히 주관적인 방법들을 선보일뿐더러, 특
히 순진하면서도 경이로운 자기관찰(自己觀察)과 자기분석(自己分析)
의 증례들을 제시하는 만큼 소멸하지 않을 가치를 보유한다.

《순례자의 여정》을 집필한 잉글랜드 작가 겸 설교자 존 버니언
(John Bunyan, 1628~1688)의 이름과 일생은 널리 알려졌지만, 프랑
스어로 초판이 나왔으며 독일어로 번역되어 출판된《인간의 심장》
의 저자는 익명이다. 프랑스어로 출판된《인간의 심장》초판본은
유실(遺失)된 듯이 보인다. 이것의 최초 독일어번역본은 1732년 독
일 뷔르츠부르크(Würzburg)에서《영혼의 도덕거울(Geistlicher Sitten-
spiegel)》이라는 제목을 달고 출판되었다. 그리고 1815년에《인간의
심장(Das Herz des Menschen)》이라는 더 적절한 제목을 달고 재출간
된 이 책에는 인간의 심장을 선(善)한 세력과 악한 세력의 전쟁터
로 표현한 연속삽화 12편이 수록되었다.

첫째 삽화〈인간의 자연스러운 상태〉는 자연스럽게 타락한 인
간의 심장을 보여준다. 그러나 둘째 삽화〈인간의 심장을 비추는
성령〉에서 죄인은 회개한다. 셋째 삽화〈심장을 점령한 성령〉에서

성령은 회개한 죄인의 영혼을 점령한다. 넷째 삽화 〈심장 속에서 진행되는 그리스도의 수난〉에는 구세주를 괴롭히기로 예정된 수난들이 묘사된다. 다섯째 삽화 〈심장 속에 정주하는 거룩한 삼위일체〉에는 영혼 속에 정주(定住)하는 거룩한 삼위일체가 묘사된다. 그러나 여섯째 삽화 〈새로운 약속들〉에 묘사된 심장 속에는 오른손으로 술잔을 든 남자(왼쪽 하단)와 갈고리를 거머쥔 왼손을 내뻗는 남자(오른쪽 하단)로 상징되는 세속적 유혹들과 고소고발이 횡행하면서 심장의 선(善)한 결심들을 뒤흔든다.

　　일곱째 삽화 〈자신보다 더 악독한 일곱 악마와 함께 귀환한 사
탄〉에는 자신보다 더 악독한 악마 일곱 명과 함께 심장으로 다시
진입한 사탄이 묘사되는데, 이 상태는 첫째 삽화에서 묘사된 것보
다 더 타락한 인간의 최후상태이다. 인간심장을 이렇게 분석하는
방식은 신앙인의 죽음과 불신앙인의 죽음을 묘사한 삽화 2편에
실제로 적용된다. 아홉째 삽화 〈그리스도의 품에서 강해지는 심장〉
에 묘사된 심장을 가진 신앙인은 열째 삽화 〈죽어서 구원받는 신
앙인〉에서 '천국의 영원한 축복을 누려라'는 구세주의 은명(恩命)을

받는다.

　이 삽화들에서 인간영혼의 요소들, 즉 인간의 정념들과 열망들은 인간영혼으로 들어가고, 인간영혼을 빠져나가며, 인간영혼으로 다시 들어가는 외부의 이질적 능력들로 묘사된다. 이런 묘사방식은 이 삽화들의 흥미로운 특징이다. 이 삽화들에서 심장은 공백으로 묘사되고, 심장의 성격은 심장 속에 정주하는 성향들로 조성된다. 이 삽화들을 그린 작가가 품은 신념의 저변에 깔린 심리는 명확하게 드러나지 않는다. 왜냐면 삽화들에 묘사된 심장만 감안되면 그런 심리는 브라만교의 자아론(自我論)일 수 있거나 불교의 아상론[24]일 수 있겠지만, 심장 위에 붙은 머리로 상징되는 자아는 인간영혼의 내부에서 진행되는 과정의 단순한 반영처럼 보이는 만큼 통합원리에 불과한 것으로 간주되어야 마땅하기 때문이다. 여기서 통합원리란 인간영혼을 구성하는 요소들의 본성에 의존하는 것의 도덕적 가치이다. 이 삽화들을 그린 작가는 인간의 심장을 순진하게 분석했지만, 그런 분석은 어쩌면 그가 자각했을 개념보다 영혼의 과학적 개념에 더욱 근접했을 것이다.

---

24)【我相論(doctrine of illusoriness of the self): 아상我相은 '몸과 마음에 참다운 나(我)가 있다고 믿어서 나에 집착하는 견해'를 뜻하는 불교용어이다. 이런 맥락에서 아상론은 위아론僞我論, 환아론幻我論, 착아론錯我論, 자아허상론自我虛相論으로도 번역될 수 있다.】

제3부

근대의 악마 메피스토펠레스

제1장

메피스토펠레스라는 명칭의 어원

악마는 아주 오래전부터 다양한 애칭들과 별명들을 부여받았
다. 그 모든 것 중에도 여태껏 문헌학자들의 골치를 가장 아프게
만든 별명은 바로 메피스토펠레스였다. 이 별명의 기원을 가늠한
의견을 최초로 제시한 사람은 독일 작가 겸 법학자 게오르크 루돌
프 비트만(Georg Rudolph Widmann, 1550~1600)이라고 추정된다. 그
는 《비트만의 파우스트-책(Das Widmann'sche Faustbuch)》(1599) 제1부
제2장에 다음과 같이 썼다.

요컨대, 이 설화에서 암시되듯이, 파우스트 박사와 결탁
한 악령의 별명 메피스토펠레스는 페르시아인의 이름(Per-
sianischer Name)으로 간주되어야 할 것이다.

파우스트 설화의 초기 편찬자들 중 한 명인 비트만의 이런 의견은 괴테의 견해와 비교되어도 흥미롭다. 1829년 11월 20일 괴테는 자신의 친구이자 독일 작곡가인 칼 프리드리히 첼터(Carl Friedrich Zelter, 1758~1832)에게 보낸 편지에 다음과 같이 썼다.

지금 내가 메피스토펠레스라는 명칭의 정확한 기원을 알 수는 없네. 나는 다만 그 명칭이 파우스트 전설과 똑같이 환상적인 기원에서 유래했다고 말할 수 있을 따름이네. 그래도 우리는 그 명칭이 중세에 생겨났다고 주장하지는 말아야 하네. 왜냐면 그것은 16세기에 생겨나서 17세기에 본격적으로 알려진 듯이 보이기 때문이네.

괴테는 그 명칭의 어원을 규명하려는 시도를 결코 하지 않는다. 그는 오히려 1612년에 출판된 주술서(呪術書) 《파우스트 박사의 강대한 지옥압제술법(地獄壓制術法, Dr. Fausts grosser und gewaltiger Höllenzwang)》의 한 단원을 인용하면서 메피스토펠레스의 고양된 위상을 증명하고자 한다. 독일 연금술사 겸 점성학자 겸 주술사 요한 게오르크 파우스트(Johann Georg Faust, 1480경~1541)의 저서로 알려진 그 주술서에서는 악마세계의 다양한 고위급 악마들이 저마다 차지하는 등급과 지위대로 묘사된다.

괴테의 《파우스트》 해설자들과 여타 문헌해석자들은 여태껏 메피스토펠레스라는 명칭의 기원을 설명하는 다양한 어원론을 제시했다. 그것들은 대체로 그 명칭의 기원을 그리스어에서 찾는 어원론들과 히브리어에서 찾는 어원론들로 나뉠 수 있다.

그리스어에서 메피스토펠레스라는 명칭의 기원을 찾는 해석자들은 다음과 같은 가설에서 출발한다. 그것은 테오필레스(Theophiles)나 테오필로스(Theophilos)라는 명칭처럼 메피스토펠레스라는 명칭도 -필레스(philes)나 -필로스(Philos)로 마무리된다는 가설이다.

그래서 독일 루터주의 신학자 겸 역사학자 요한 콘라트 뒤러(Johann Conrad Dürr(. 1625~1677)가 1676년 7월 18일 게오르크 지기스문트 퓌러(Georg Sigismund Führer, ?~?)에게 보낸 편지에 피력한 의견대로라면, 메피스토펠레스라는 낱말은 그리스어 메가스(megas)와 필로스(Philos)에서 유래했으므로 "위대하고 출중한 존재가 되려는 의욕을 뜻한다고 풀이될 수 있다." 독일 문헌학자 빌헬름 에른스트 베버(Wilhelm Ernst Weber, 1790~1850)는 《괴테의 파우스트(Goethes Faust)》(1836)에서 메피스토펠레스라는 낱말의 어원은 "유황증기(硫黃蒸氣, Schwefeldampf)"를 뜻하는 메피티스(mefitis) 또는 메피티스(mephitis)와 필로스(philos)(또는 오펠레인ophelein)이라고 설명하면서 메피스토펠레스를 "유황증기를 분사하는 인간(homo quem mephites juvant)"으로 해석한다. 독일 문헌학자 겸 문학역사학자 하인리히 뒨처(Heinrich Joseph Düntzer, 1813~1901)는 메피스토펠레스를 메-포토-필레스(Me-photo-philes) 즉 "빛을 싫어하는 자(der das

Licht nicht liebende)"로 해석하고, 독일 법학자 아우구스트 하게만 (August Hagemann, ?~?)은 메-파우스토-필레스(Me-phausto-philes) 즉 "비(非)-파우스트애호자(Nicht-Faustlieb)"[1] 로 해석한다. 물론 이런 해석들은 문헌학적 절망감에서 파생한 호기심들에만 부응할 따름이다.

근래에 독일 고전학자 빌헬름 하인리히 로셔(Wilhelm Heinrich Roscher, 1845~1923)가 〈에피알테스: 고전시대의 악몽들과 몽마(夢魔)들을 고찰한 병리학-신화학적 논문(Ephialtes: Eine patholo-gisch-mythologische Abhandlung über die Alpträume und Alpdämonem des Klassischen Altertums)〉《작센 왕립학술원 철학-역사학 논집(Abhandlungen der Philologisch-Historischen Klasse der Königlich-Sächsischen Gesellschaft der Wissenschaften)》, Vol. XX)[2]에 딸린 부록에서 제시한 어원론은 더 진지하게 감안될 만한 가치를 지녔다. 로셔는 '메피스토펠레스가 원래, 독일 전설에 나오는 하우스가이스트(Hausgeist: 가옥신: 家屋神)나 코볼트(Kobold: 요정: 妖精) 같은, 가내정령(家內精靈: spiritus familiaris)이었다'는 이론에서 출발하여, 그리스어 오펠레스(Opheles)에서 메피스토펠레스라는 호칭을 도출하는데, 에피알테스도 오펠레스라는

---

1) 【아우구스트 하게만, 《메피스토펠리스의 유래와 의미Mephistophelis nomen unde ortum esse et quam significationem habere uideatur》(1872) 참조.】

2) 【에피알테스Ephialtes(?~?)는 서기전5세기후반 그리스 아테네의 민주화운동을 주도한 정치인이다. 고전시대Klassischen Altertums(classical antiquity)는 서기전8세기~서기6세기 지중해 연안지역의 문화역사시대를 가리키는데, 고전고대古典古代로 번역되곤 한다.】

이름을 알았다. 그리하여 로셔의 관점에서 메피스토펠레스는 "가장 유익한 자(der höchst Nützliche)"를 뜻하는 메기스토펠레스(Megistopheles)라는 낱말의 와전(訛傳)된 형태로 인식된다. 비록 메피스토펠레스가 파우스트를 보좌하는 역할을 잠시 수행하면서 독일 코볼트의 몇몇 특징을 드러낸다고 인정될 수밖에 없을망정, 메피스토펠레스의 성격은 대체로 우리의 어원학자(로셔)를 제외한 어느 누구에게도 "지극히 유익하다"고 인식되지 못할 것이다.

> 아니, 아니야! 악마는 이기주자여서
> 천하에 하릴없어도 까닭 없이 혹은 무조건
> 남을 돕지 않아.[3]

메피스토펠레스의 기원을 히브리어에서 찾는 어원론들은 그리스어에서 찾는 어원론들보다 더 양호한 결과들을 약속하는 듯이 보일 수도 있다. 그러나 히브리어원론들은 메피스토펠레스의 성격을 설명하지 못한다. 독일 탐험자 겸 학자 막스 크렌켈(Max Krenkel, 1839~1901)은 《독일 신학 연보(Jahrbücher für deutsche Theologie)》 (XXII, p. 494 이후)에 수록한 논문 〈메피스토펠레라는 호칭의 유래 (Zur Erklärung des Namens Mephistopheles)〉에서 메피스토펠레스라는

---

3) 【괴테, 《파우스트》 제1부 제4막 서재書齋.】

호칭은 "파괴자(Zerstreuer)"나 "갈가리 찢어버리는 자(Vernichter)"를 뜻하는 히브리어 메피스(mephis)와 "거짓말쟁이(Lügner)"를 뜻하는 히브리어 토펠(tophel)의 합성어라고 설명한다. 그러나 메피스-토펠(mephiz-tophel)이라는 합성어는, 히브리어 명사합성규칙의 적용을 받으면, "거짓말쟁이들의 파괴자"를 의미할 수 있으므로 메피스토펠레스보다는 여호와(Jehovah; 야훼; Yahweh)에게 훨씬 더 걸맞은 호칭이다. 독일 출판업자 겸 편집자 프리드리히 아르놀트 브로카우스(Friedrich Arnold Brockhaus, 1772~1823)가 출판한 《언어백과사전(Conversations-Lexikon)》에 제시된 어원론도 메피스토펠레스를 "파괴자"를 뜻하는 히브리어 메피르(mephir)와 "거짓말쟁이"를 뜻하는 히브리어 토펠의 합성어로 간주하는 만큼 크렌켈의 어원론과 동일하다.

나도 근래에 그 호칭의 어원론을 나름대로 생각해냈다. 하지만 나는 그 어원론을 제시하기 전에 먼저 우리에게 알려진 메피스토펠레스라는 호칭의 다음과 같은 주요한 형태들을 소개해둘 필요성을 실감했다.

1) 메포스토필레스(Mephostophiles)
이 호칭은 독일 인쇄업자 요한 슈피스(Johann Spies, 1540경 ~1623)가 익명으로 출판한 《요한 파우스트 박사의 일대기(Historia von D. Johann Fausten)》(1587), 독일 튀빙겐(Tübingen)에서 서사시로 각색되어 출판된 《요한 파우스트 박사의 일대기(Geschicht von D. Johann Fausten)》(1587), 독일 의사 겸 작가 요한 니콜라우스 피처 (Johann Nicolaus Pfitzer, 1634~1674)의 《요한 파우스트 박사의 일대기 (Historia von D. Johann Fausten)》(1674)에서 발견된다.

2) 메포스토필리스(Mephostophilis)

이 호칭은 크리스토퍼 말로우의 비극희곡 《파우스트 박사》 (1592)에서 발견된다. 셰익스피어는 이 호칭을 메포스토필러스(Mephostophilus)로 표기했다.

3) 메피스토필레스(Mephistiphiles)

이 호칭은 《파우스트 박사의 삼중(三重) 지옥압제술법(地獄壓制術法 Dr. Fausti dreyfacher Höllenzwang)》(Rome, 1501), 《파우스트 박사의 사중(四重) 지옥압제술법(Dr. Fausti vierfacher Höllenzwang)》(Rome, 1580), 《교황 알레산드로 6세[4] 재위기간 로마 바티칸에서 출판된 파우스트의 (삼중) … 지옥압제술법(Faust's) (dreifacher) … Höllenzwang, Romae in vaticano unter Papst Alexander VI》(1520)에서 발견된다. 이 책들을 위시한 주술서들의 출판자들은 출간장소와 출간일시를, 당연히, 고의로 부정확하게 표시했다. 왜냐면 그들은 자

---

4)【Alessandro VI(1431~1503: 재위 1492~ 1503): 제214대 로마 교황이고 알렉산데르 6세 Alexander VI라고도 호칭된다.】

신들이 그런 서적들을 출판했다는 사실이 발각되지 않기를 바랐던 동시에 그런 서적들이 오래된 희귀본들로 인식되기를 소망했기 때문이다.

4) 메피스토펠레스(Mephistopheles)

이 호칭은 《요한 파우스트 박사의 흑주술과 백(白)카발라, 메피스토펠레스와 수컷뇌조(雷鳥 Dr. Joh. Fausti Nigromantia et Cabbala alba, Mephistopheles et Auerhahn)》[5], 《기독교의 관점에서 집필된 파우스트 책(Das Faustbuch des Christlich-Meynenden)》(1725), 괴테의 《파우스트》에서 발견된다.

5) 메피스-도폴루스(Mephis-Dopholus)

이 호칭은 1509년에 제작된 낡은 양피지 두루마리 문서에서도 발견되고, 고어체(古語體) 독일어로 필사된 《파우스트 박사의 비밀기록(Doctor Faustens geheime Manuscripta)》에서도 발견된다. 이 두 문건의 소장자는 독일 음악가 겸 작가 카를 디트리히 레온하르트 엥겔(Karl Dietrich Leonhard Engel, 1824 ~ 1913)이다.

---

5) 【이 책의 원본은 고트프리트 바그너(Gottfried Wagner, ?~?)의 《Nigromantia sive Cabala nigra et alba Doct, Joh, Fausti》(1411)라고 추정된다. 주술이 피술자(被術者)에게 해로운 흑주술(黑呪術)과 이로운 백주술(白呪術)로 나뉘듯이, 유다교의 비술(術) 카발라(cabala)도 흑카발라와 백카발라로 나뉜다.】

6) 메피스토피엘(Mephistophiel)

이 호칭은《요한 파우스트 박사의 흑카발라 실습(Praxis cabulae nigrae doctoris Johannis Fausti)》(Passau, 1612)에서 발견된다.

거의 동시대에 출판된 책들에서 발견되는 메피스토펠레라는 호칭의 유별난 다양성은 그 책들의 저자들이 그 호칭의 어원을 확인하지 못했다는 사실을 암시한다. 메피스토펠레스라는 호칭이 원래 널리 인지되고 이해된 많은 별명을 겸비한 사탄의 별명이나 애칭이었다면 이토록 다양한 형태를 띠지 못했을 것이다. 하물며 《파우스트》 해설자들의 대다수가 추정하듯이, 메피스토펠레스가 애초부터 사탄과 동일하지 않다는 사실은 요한 슈피스의《요한 파우스트 박사의 일대기》제23장에서 명백하게 증명된다. 슈피스의 책에서는 사탄 -루시퍼(루키페르Lucifer)- 의 통솔을 받아 본격적인 국가 또는 왕국을 형성하는 다양한 악마들이 묘사된다. 이 왕국에서 고수되는 신념의 발생시점은 확인될 수 없지만, 여러 주술서적들에서 증명되듯이, 그 신념이 16세기에 완전히 발달했다는 사실만은 명백하다.

익명 저자의《요한 파우스트 박사의 경이롭고 신묘한 주술서 혹은 (!) 괴이한 까마귀(Doctor Johann Faustens Miracel-Kunst-und Wunderbuch oder die (!) schwarze Rabe)》(Lion, 1469)에 묘사된 악마왕국은 (1) "국왕(König)" 루키페르, (2) "부왕(副王, Vice Roi)" 벨리알, (3) "장관

이 삽화들은 위에서부터 각각 루키페르, 마르부엘(Marbuel), 메피스토필 (Mehistophiel), 메피스토필스(Phephistopiels), 아리엘(Ariel), 바르파 엘(Barfael; 바르비엘; Barbiel)인데, 독일 고문서수집가 요한 샤이플레 (Johann Scheible, 1806~1866)가 편찬한 《요한네스 파우스트 박사

의 자연주술과 비자연주술(Doktor Johannes Faust's Magia naturalis et innaturalis: oder, Dreifacher Hollenzwang, letztes Testament and Siegelkunst, nach einer kostbar ausgestattenten Handschrift in der Herzogl)》(Stuttgart, 1849)에 수록되었다.

4명(Vier Gubernatores)": 사탄, 벨제붑, 아스타로트, 플루토⁶⁾, (4) "제후 (諸侯) 7명(Sieben Grossfürsten)": 아자젤, 메피스토필레스(Mephistophiles), 마르부엘(Marbuel), 아리엘(Ariel), 아리구엘(Ariguel), 아니셀(Anisel), 바르파엘(Barfael), (5) "비밀지옥위원 5명(Fünf Geheimde höllische Räthe)," (6) "비밀제국서기관 1명(Ein Geheimde Reichs-Secretarius)," (7) "가내정령" 12명으로 구성된다.

루키페르 왕국의 정치체제는 신성로마제국(Holy Roman Empire, 800~1806)의 정치체제를 모방한 듯이 보이지만, 우리는 대공 7명이 실제로 생겨난 유래를 여러 주술서에서 가늠할 수 있다. 바그너 책⁷⁾에서 확인되듯이, 대공 7명은 행성신령 7명과 동일시된다. "그리고 특히 그들은 각자 명령받은 대로 특정한 시일에 일곱 행성을 하나씩 맡아서 다스리는 일곱 제후인데, (1) 아라트론(Aratron: 사투르누스: Saturnus: 토성), (2) 베토르(Bethor: 유피테르: Jupiter: 목성), (3) 팔렉(Phaleg: 마르스: Mars: 화성), (4) 오흐(Och: 존네: Sonne: 태양), (5) 하기트(Hagith: 베누스: Venus: 금성), (6) 오피엘(Ophiel: 메르쿠리우스: Mercurius: 수성), (7) 풀(Phul: 몬트: Mond: 달)이 그들이다." 독일의 법학자이고 신학자이자 신비학자인 하인리히 코르넬리우스 아그리파(Heinrich Cornelius Agrippa, 1486~1535)의 저작들에 포함되어 1550년 프

---

6) 【'아스타로트(Astaroth)'는 본서 제4부 제2장의 72악마 중 제29악마이고, '플루토(Pluto)'는 그리스 신화에 나오는 저승황제 하데스(Hades)의 별칭이자 '플루톤(Plouton)의 별칭이다.】
7) 【Wagnerbuch: 이것은 파우스트 박사의 제자 바그너를 주요인물로 등장시킨 《파우스트 박사의 일대기》의 통칭이다.】

랑스 리옹(Lyons)에서 출판된 라틴어본 주술서 《아르바텔(Arbatel)》에서도 비슷한 기록이 발견된다. "온 세상을 다스리려는 신은 하늘과 천체들에 거주하는 올림포스의 신령들 중에…… 발탁한 일곱 제후에게 올림포스(Olympos)의 일곱 영토 혹은 일곱 구역을 하나씩 맡아서 다스리라고 하명했는데, 아라트론(사투르누스), 베토르(유피테르), 팔렉(마르스), 오흐(솔: Sol: 태양), 하기트(베누스), 오피엘(메르쿠리우스), 풀(루나: Luna: 달)이 그런 제후들이다." 《가장 유명한 주술사 요한 파우스트 박사의 흑카발라 실습(Praxis Cabulae nigrae Doctoris Johannis Fausti magi celeberrimi)》(1612)에서 발견되는 일곱 행성정령은 ("루키페르의 지배를 받는 악마들에 속하는 일곱 제후가 다음과 같이 차례대로 호칭되면") (1)루키페르, (2)마르부엘, (3)아리엘, (4)아시엘(Aciel), (5)바르비엘(Barbiel), (6)메피스토피엘(Mephistophiel), (7)아파디엘(Apadiel)이다. 이 주술서에 기록된 정령들의 명칭은 앞에서 거명된 여타 주술서에 기록된 명칭들과 다른데, 이런 차이는 《아르바텔》에 기록된 다음과 같은 진술로써 설명될 수 있다. "올림포스 정령들은 저마다 다르게 호칭되지만, 그들의 호칭은 그들을 보이는 정령들과 보이지 않는 정령들로 나누려는 신령의 계획에서 유래했을 따름이다." 그러나 여기서 두 가지 사실이 기억되어야 한다. 첫째, 《흑카발라 실습》의 명단에 포함된 메피스토피엘은 《아르바텔》과 바그너 책의 명단에 포함된 오피엘을 대신한다. 둘째, 메피스토피엘과 오피엘은 메르쿠리우스를 대신한다. 그러므로 우리가 메피스토펠레스라는 호칭의 기원을 고대 시리아(Syria)의 신(新)플라톤주의 철학자 이암블리코스(Iamblixos, Iamblichus, 245경~325경)의 시대에 이미 완숙한 듯이 보이는 점성술적 악마론(astrological demonology)에서 찾아도 무방하다. 생각하건대, 이 호칭의 기원을 설명하려는 어원론은 메피스트-오피엘(Mephist-Ophiel)에 포함된 오피엘이라는 호칭과 훗날에 -레스(les)와 -루스(lus)라는 접미사를 달고 생겨난 호칭들을 출발점으로 삼아야 마땅하다.

오피엘은 뱀을 뜻하는 그리스어 오피스(ophis)와 히브리어 접미사 -엘(el)의 합성어가 확실하다. 이 접미사는 고대 히브리의 악마들에 부여된 호칭에서도 자주 발견된다. 또한 16~17세기에는 카발라의 영향을 받은 작가들이 히브리어 호칭들을 모방하여 대량으로 지어낸 악마호칭들에서도 접미사 -엘은 자주 발견된다. 그런 악마호칭들의 긴 목록에는, 예컨대, 퀴리엘(Kyriel: 퀴리오스: Kyrios), 퀴니엘(Kyniel: 퀴온: Kyon), 레오니엘(Leoniel: 레오: Leo), 칸크리엘(Cancriel: 칸케르: cancer), 타우리엘(Tauriel: 타우루스: taurus), 아리엘(Ariel: 아리에스: aries)도 포함된다.

행성 메르쿠리우스(수성)의 정령은, 아니면 더 정확하게는, 악마 메르쿠리우스는 오피엘로 호칭되어야 한다. 이런 당위성은 후기 헬레니즘 시대에는 케뤼케이온(kerykeion) 또는 카두케우스(caduceus)[8]가 메르쿠리우스-헤르메스(Mercurius-Hermes)를 상징했다는 사실로 설명된다. 케뤼케이온은 무엇보다도 주술사(마법사)들, 연금술사들, 점성술사들의 수호신으로 신봉된 헤르메스 트리스메기스토스 또는 막시무스 메르쿠리우스[9]의 상징이다. 나는 다음과 같은 두 가지 사실을 일순간도 의심하지 않는다. 첫째, 메피스토피엘은 메기스트-오피엘(Megist-Ophiel)의 와전된 호칭이다. 둘째, 메피스토펠레스는 본디 헤르메스 크리스메기스토스와 동일하다.[10]

오늘날에도 사용되는 "헤르메스 비술(Hermetic art; 연금술)"이나 "연금술로써 밀봉된(hermetically sealed)" 같은 표현들은 고대인들과 중세의 학계에서 차지했던 헤르메스 트리스메기스토스의 중대한 역할을 지시한다. 고대 이집트의 신(神) 토트(Thoth)는 원래 고대 마케도니아(Macedoina)의 프톨레마이오스(Ptolemaios) 가문이 이집트에서 왕조를 수립했을 시절에 그리스의 신 헤르메스(Hermes)와 동일시되었다. 그래서 토트는 유명한 로제타(Rosetta) 비석(碑石)에 새겨진 비문에서 "위대하고 위대한 헤르메스(Hermes o megas kai megas)"로 지칭된다. 그러나 트리스메기스토스라는 별칭은 고

---

8) 【헤르메스의 지팡이】

9) 【헤르메스 트리스메기스토스(Hermes Trismegistos; Hermes Trismegistus; 막시무스 메르쿠리우스; Maximus Mercurius)는 신비술법과 신비철학, 연금술과 연금철학을 담은 《헤르메티카(Hermetica)》을 저술했다고 전설되는 헬레니즘 시대의 인물이다.】

10) 【고대 아라비아인들의 점성술 관련문헌들에서 헤르메스 트리스메기스토스는 메르쿠리우스(수성)의 정령으로도 묘사된다. 리하르트 피츄만Richard Pietschmann(1851~1923: 독일 동양학자 겸 이집트학자), 《헤르메스 트리스메기스토스Hermes Trismegistos》(Leipzig, 1875) p. 46.】

이탈리아 중서부 도시 시에나Siena에 있는 시에나 성당Duomo di Siena
의 바닥 모자이크.

대 로마 속령 카르타고(Carthago) 출신 기독교신학자 테르툴리아누스(Tertullianus, 155경~240경)의 "세 배나 더 위대한(트리스메기스투스: Trismegistus) 메르쿠리우스는 모든 학문의 스승이다"라는 진술에서 최초로 발견된다. 한 세기 후에는 고대 로마 기독교신학자 락탄티우스(Lactantius, 250경~325경)가 다음과 같이 말했다. "메르쿠리우스는 비록 인간이었고 아주 오래전에 살았지만, 모든 학문과 비술을 완전히 통달하여 트리스메기스투스라는 별명을 얻었다. 그는 신성한 것들을 인식하는 지식과 관련된 수많은 책을 썼는데, 그런 책들 속에서 그는 지고하고 유일한 신의 위엄을 강조했다."[11]

락탄티우스의 저서에 언급된 헤르메스의 글들이 원래 토트의 것들로 인식되었고 신성한 파피루스 두루마기 42장에 기록되었다고 보는 견해는 옳다. 고대 그리스 기독교신학자 티투스 플라비우스 클레멘스(Titus Flavius Clemens, 클레멘스 알렉산드리누스: Clemens Alexandrinus, 150경~215경)는 《스트로마타(Stromata: 잡록: 雜錄)》 제6권 제4장 제35절에서 이 파피루스 두루마기들을 최초로 "헤르메스의 책(Hermou Biblia)"으로 지칭했다. 락탄티우스보다 한 세기 후에 이암블리코스는 《이집트의 비밀의례들(De Mysteriis Aegyptiorum)》 제8권 제1장에 '헤르메스의 저서가 무려 2천 권에 달하며 우리의 모든 지식원리는 헤르메스한테서 유래했다'고 기록할 수 있

---

11) 【락탄티우스, 《신법론神法論Institutiones Divinae》 제1권 제6장.】

었다. 이암블리코스는 헤르메스 트리메기스토스를 "여론주도자들의 신"으로 지칭했다. 헤르메스 트리메기스토스가 이런 책들을 썼거나 성자들을 가르쳐서 이런 책들을 쓰게 만들었다고 믿은 신념은 중세에까지 전파되었다. 예컨대, 이런 책들에서 발췌한 문장들을 《신국론(神國論, De Civitate Dei)》에 길게 인용한 초기 기독교신학자 아우구스티누스(Augustinus, 354~430)뿐 아니라 연금술사들, 점성술사들, 주술사들도 그런 신념을 전파했다. 왜냐면 그들은 헤르메스 트리스메기스토스는 그들의 특별한 수호신일뿐더러 수많은 주술서와 점성술서의 저자라고 주장했기 때문이다. 독일 고전학자 겸 서지학자 요한 알버트 파브리키우스(Johann Albert Fabricius, 1668~1736)는 《그리스 서적목록(Bibliotheca Graeca)》 제1권(pp. 74-75)에 다음과 같이 기록했다.

"주술서적들과 화집들(또는 점술서적들)은 다음과 같다. 《반지들 (De annulis)》 제1권, 《성격론(De charactere)》 제1권, 《부적들(De sigil-lis)》 제1권, 《마르스의 형상들(De imaginibus Martis)》 제1권, 《요비스 (유피테르)의 형상들(De imaginibus Jovis)》 제1권, 《사투르누스의 형상들(De imaginibus Saturni)》 제1권, 《일곱 행성반지(De septem annulis planetarum)》 제1권, 《행성들의 부적들과 합일(合日)들(De medicinis et conjunctionibus planetarum)》 제1권, 《야생동물 포획용 미끼(De confec-tionibus ad capiendum animalia silvestria)》 제1권, 《완벽한 주문(呪文, De

verbo perfecto)》제1권,《아스클레피오스[12]에게(Ad Asclepium)》제1권,
《계산법(De mathe si)》제2권."

실제로《유스티니아누스 법전》[13]에는 "모든 곳에서 점성술(Ars
mathematica)을 죄악시하고 철저히 금지한다"(제9조 제18항)는 조항이
포함되었다. 이것은 중세초기의 유럽에는 점성술사가 엄청나게 많
았다고 알려주는 증좌일 수 있다. 중세 유럽의 연금술사들 사이에
서 헤르메스 트리스메기스토스의 저작들 중 가장 유명했던 것은
이른바《취옥판각본(翠玉板刻本; 타불라 스마락디나; Tabula Smaragdina)》
이었다.

가장 귀중한 문구가 새겨진 이 취옥판각본에는 다음과 같은
전설도 얽혀 있다. 아브라함의 아내 사라가 어느 날 헤브론 계곡을
지나다가 발견한 헤르메스의 무덤 속 시체의 두 손에서 빼낸 것이
바로 취옥판각본이었다. 요한 알버트 파브리키우스는 다음과 같이
기록했다.

"젊은 아리스토텔레스, 자디트, 오르톨라누스 또는 호르툴라누
스뿐 아니라 아비센나, 아르놀두스 데 빌라 노바, 아사쿠스 올란두
스, 알베르투스 마그누스, 베른하르두스 트레비사누스, 1330년대
의 페트루스 보누스 롬바르두스[14]도《취옥판각본》을 기억했다."

---

12)【Asklepios: 】
13)【《Codex Justinianus》: 】
14)【아리스토텔레스(Aristoteles, Aristotle, 서기전384~322)는 고대 그리스 철학자이다. 자디
트(Zadith)는 아라비아계 에스파냐 연금술사 이븐 우마일(Ibn Umayl, 900~960)의 별명이

독일 연금술사 겸 신비철학자 하인리히 쿤하르트(Heinrich Khunrath, 1560경~1605)의 연금술서 《영원한 지혜의 원형극장(Amphitheatrum Sapie ntiae Aeternae)》(1606)에 수록된 상상도

다. 오르톨라누스(Ortolanus; 호르툴라누스; Hortulanus, ?~?)는 13세기 후반~14세기 전반 중세 유럽에서 활동한 연금술사이다. 아비센나(Avicenna, 이븐 시나; Ibn Sina, 980경~1037)는 페르시아 점성술사 사상가 작가이다. 아르날두스 데 빌라 노바(Arnaldus de Villa Nova; 아르나우 데 빌라노바; Arnau de Vilanova; 아르날두스 빌라노바누스; Arnaldus Villanovanus; 아르노 드 비유뇌브; Arnaud de Ville-Neuve; 아르날도 데 빌라누에바; Arnaldo de Villanueva, 1240경~1311)는 프랑스, 에스파냐, 이탈리아 스위스에서 활동한 의사 신학자 연금술사이다. 아사쿠스 홀란두스(Isaacus Hollandus; 요한 이삭 홀란두스; Johann Isaac Hollandus, ?~?)는 16세기 후반~17세기 전반 플랑드르(네덜란드와 벨기에)에서 활동한 연금술사이다. 알베르투스 마그누스(Albertus Magnus, 1193~1280) 독일 가톨릭주교 신학자 철학자이다. 베른하르두스 트레비사누스(Bernhardus Trevisanus; 베르나르드 트레비산; Bernard Trevisan, 1406~1490)는 이탈리아 연금술사였다고 전해지는 전설적인 인

앞에 언급된 인물들의 명단은 '연금술, 점성술, 주술이 부활한 15~16세기에도 헤르메스 트리스메기스토스가 여전히 생생하게 기억되었다'는 사실을 증명해준다. 하인리히 코느넬리우스 아그리파의《신비철학(De occulta philosophia)》에는 다음과 같은 문장이 기록되었다. "트리스메기스투스(Trismegistus)는 오직 정령들의 호칭을 파악하려고 그를 연구하는 사람들에게만 현존한다." 이 문장은 헤르메스 트리스메기토스가 (15~16세기에) 세상에서 가장 위대한 주술사로도 인식되었다는 사실을 방증해줄 것이다.

나의 견해를 요약하면 다음과 같다. 헤르메스 트리스메기스토스는 서기1~3세기경에 로마 제국의 많은 지역에서 연금술사들, 점성술사들, 주술사들의 수호신으로 숭배되었지만, 훗날 기독교작가들에게는 악마로 인식되었고, 16~17세기에 악마론을 다룬 문헌들에서는 오피엘과 메피스트-오피엘(메기스토피엘: Megistophiel)이라고 호칭되는 악마로 묘사된다.

중세에 악마는 "주사위노름의 발명자"라고 믿어졌는데, 이런 믿음은 사탄과 메리쿠리우스가 아주 오래전부터 동일시되었다는 사실을 증명하는 듯이 보인다. 그래서 프랑스 북동부 도시 랭스(Reims)의 대주교 힝크마르(Hincmar, 806~882)는 다음과 말했다.

"남의 돈을 따먹으려는 이 사행성 노름은 지독한 악마의 노름

물이다. 페트루스 보누스 롬바라두스(Petrus Bonus Lombardus; 피에트로 안토니오 보니; Pietro Antonio Boni, 14세기)는 이탈리아 연금술사이다.】

이 확실하고, 메르쿠리우스가 이 노름을 처음으로 실행한 악마라고 기록되었으니, 메르쿠리우스가 바로 이 노름의 발명자이다."

여기서 언급된 메르쿠리우스는 막시무스 메르쿠리우스가 확실하다. 왜냐면 플라톤의 대화편 《파이드로스(Phaidros)》 제274c ~ d절에서 소크라테스가 "그 신의 이름은 테우트(Teuth)이고…… 체커[15]와 주사위놀이를 최초로 고안했다"고 말했듯이, 주사위놀이의 발명자는 이집트의 신 테우트(토트: 헤르메스 트리스메기스토스)였기 때문이다.

더구나 초기 교회에서는 헤르메스 트리스메기스토스의 몇몇 가르침이 이단시되어 비난받았다는 사실은 특히 의미심장하다. 그래서 로마 가톨릭주교 필라스트리우스(Philastrius, ?~397)는 《이단목록서(Diversarum Hereseon Liber)》(4세기)에 다음과 같이 기록했다.

"트리스메기스토스로 존칭되는 거짓말쟁이 파간[16] 헤르메스는 태양을 숭배하라는 이단설을 사람들에게 가르쳐서 전능하신 주님을 개탄하시게 만들었건만, 내가 그리하지 말라고 사람들을 아무리 설득해도 소용없었다. 켈트족(Celt族) 같은 변방의 여러 파간도 그의 이단설을 배우면서 이단자들로 변해갔다."

헤르메스 트리스메기스토스가 13세기의 주술에서도 중요한 역할을 담당했을 가능성은 알베르투스 마그누스의 다음과 같은

---

15)【checker: 체스(chess)와 비슷한 서양장기(西洋將棋)의 일종.】
16)【pagan: 본서 제2부 제1장 각주 10) 참조.】

견해로 미루어 짐작될 수 있을 것이다(피치만,《헤르메스 트리스메기스토스》, p. 58 참조). "벨레누스(아폴론 또는 아스클레피오스)의 정령[17]과 헤르메스(수성)의 정령은 천사들의 이름으로 호명되고, 벨레누스를 보좌하는 달(月)과 여타 행성의 정령들은 악마들의 이름으로 호명된다."

　　그래서 우리는 메피스토펠레스가 파우스트와 밀접한 관계를 맺고 가장 위대한 주술사 겸 점성술사 겸 연금술사의 모습으로 나타날 수밖에 없는 사연을 쉽게 이해할 수 있다. 파우스트가 호출하는 악마는 사탄도 아니고 루키페르도 아니라 주술사들 사이에서 수호신으로 신봉되던 악령이었다. 메르쿠리우스와 보단[18]의 동일성 때문에 파우스트의 몇몇 특성은 메피스토펠레스에게 전가되었을 수 있다. 그러나 설령 그렇더라도 메피스토펠레스를 불러낸 파우스트의 주술(마법)에 포함된 몇몇 특징은 오래된 바람신(풍신: 風神) 겸 음악발명자(音樂發明者) 헤르메스를 우리에게 여전히 상기시킨다. 그래서 슈피스의《요한 파우스트 박사의 일대기》(p. 14)는 음악과 바람이 메피스토펠레스의 유령보다 먼저 등장하는 사연을 우리에게 알려준다.

　　"악마를 불러낸 파우스트가 마치 목적도 의욕도 상실한 듯이

---

17)【Belenus(벨레노스; Belenos, 벨리누스; Belinus, 벨; Bel): 켈트족 신화에 나오는 태양신.】
18)【Wodan: 북유럽 신화에 나오는 지혜, 의술, 죽음, 왕통, 교수대(絞首臺), 지식, 전쟁, 전투, 승전, 주술, 시, 광기, 룬(run) 문자를 주관하는 왼눈박이 남신(男神) 오딘(Odin)의 다른 이름.】

체념해버리자, 악마는 숲의 모든 것을 파괴하려는 듯이 나무들을
부러뜨리며 대혼란을 유발했고, 악마를 예찬하는 악기들의 연주
와 노래들이 숲속에 울려 퍼졌다."

메피스토펠레스는 특히 몇몇 대목에서 "날아다니는 악령"(pp.
17, 27)으로 호칭되고, "동방지옥마왕(東方地獄魔王)의 종복"(p.20)으
로 묘사되며, 자신은 점성술에 통달했다(p. 42)고 우리에게 자랑한
다.[19]

그리하여 메기스트-오피엘이 메피스트-오피엘로 변이하려면
그런 변이를 매개하는 낱말이 반드시 필요하다는 결론이 도출될
수 있다. "테오 메기스토 헤르메(theo megisto Herme)"라는 문구가 그
리스 금석문(金石文)들에 여러 번 등장한다(《그리스 금석문집(Corpus
Inscriptionum Graecarum)》제III권, pp. 5100, 5703 등을 참조)는 사실은 메
기스토스(megistos)가 헤르스메스의 별명으로서 트리스메기스토스
만큼 자주 사용되었을 가능성을 증명한다. '메기스트-'가 '메피스
트-'로 변이해도 주술 문학에서 발견되는 그리스 낱말들의 용법에
익숙한 사람에게는 놀랍지 않을 것이다. 고대 교회의 〈트리사기
온〉[20]에서 발견되는 그리스어 이스퀴로스(ischyros)도 이런 변이를
인상적으로 예시한다. 이 성가의 가사는 다음과 같다.

---

19) 【나는 향후에 슈피스의 《파우스트 책》 초반부의 몇몇 단원이 연금술 관련 저작들의 영향을 받
  았을 수 있다고 증명할 논문을 집필할 것이다.】
20) 【〈Trisagion〉: 주로 동방정교회의 예배에서 영송(詠誦)되는 이 성가(聖歌)는 "세 번 거룩하
  신"을 뜻하는데, 한국에서는 "삼성송(三聖誦)"이라고 번역된다.】

"아기오스 오 테오스, 아기오스 이스퀴로스, 아기오스 아타나토스, 엘레이손 이마스."[21]

이 낱말들은 특별한 효험을 발휘한다고 생각된 만큼이나 주술서들에 기록된 주문(呪文)들로 빈번하게, 그러나 대부분은 왜곡된 형태로, 사용되었다. 그래서 이스퀴로스(전능자)라는 낱말은 《요한 파우스트 박사의 흑카발라 실습》에 기록된 주문들 중 한 건에서는 히스캬코스(Hischacos)라는 명사(名詞)로 쓰인다. 독일 서정시인 하인리히 프라웬로프(Heinrich Frauenlob, 1250/1260~1318)의 작품집 《시체, 속담들, 투언(鬪言)들, 노래들(Leiche, Sprüche, Streitgedichte und Lieder)》(1843, p. 228)에 "강대한 신(神) 오스퀴로스(schiros, got gewaltec)"이라고 기록되었듯이, 이스퀴로스가 변이하여 파생시킨 오스퀴로스(schiros)라는 낱말도 존재했다. 이렇게 변이한 낱말은, 주문들에 사용된 오스크라(Oschra)라는 낱말이 감안되면, 오스파디엘(Osphadiel)이라는 악마의 호칭을 발생시킨 듯이 보이고, 이 호칭은 스크(ch(x))=프(ph)의 변이현상을 증명하는 듯이 보인다.

주술문서에서 발견되는 그런 낱말들과 호칭들이 엄격한 발음법칙들을 과감하게 무시하는 방식의 또 다른 증례는 필시 악마를 뜻하는 라튬어(라틴어) 디아볼루스(diabolus)에서 유래했을 자불론(Zabulon), 사빌론(Sabilon), 사불론(Sabulon), 사빌론(Savilon), 사벨론

21) 【Agios o Theos, Agios ischyros, Agios athanatos, eleison imas: 거룩하신 하느님이시여, 거룩하신 전능자시여, 거룩하신 영원자시여, 부디 저희를 긍휼히 여기소서.】

(Savelon)이라는 낱말들의 역사에서 발견될 수 있을 것이다.

그러나 메기스토스(가장 위대한 자)라는 호칭은 헤르메스 트리스메기스토스의 정체를 쉽게 드러낼 수 있으므로 그의 정체를 숨기려는 욕망이 생겨날 수밖에 없었는데, 바로 그런 욕망이 '메기스트-'를 '메피스트-'로 변이시킨 결정적인 원인이었을 것이라고 추정될 수 있다. 왜냐면 이탈리아 가톨릭사제 겸 인문학자 마르실리우스 피키누스Marsilius Ficinus(1433~1499)는 자신이 라틴어로 번역한 헤르메스의《포이만드레스》[22] 서문에 다음과 같이 기록했기 때문이다. "그의 존칭은 평범한 사람들에게는 그의 정체를 쉽게 노출시키지 않는다."

---

22) 【《Poimandres》(《포에만드레스Poemandres》, 《포에만데르Poemander》, 《피만데르Pimander》): 마르실리우스 피키누스가 라틴어로 번역한《헤르메스 전집Corpus Hermeticum》의 첫 단원에 해당하는 헤르메스의 논문이다.】

제2장

파우스트의 충동

"시(詩)는 역사보다 더 엄중하고 더 철학적인 것이다." 이것은 고대 그리스 철학자 아리스토텔레스(Aristoteles, 서기전384~322)의 중요한 명언이다. 이것은 특히 그의 관심을 사로잡은 그리스 고전시(古典詩)에는 확실히 부합하는 명언이고, 하여간에 고전시로 간주되어야 한다고 주장되건 강조되는 모든 시에도 부합하는 명언이다. 역사는 사실들의 정연한 기록이다. 시는 이 사실들의 내밀한 의미를 구체적 형식으로 표현한다. 근래 출간된 어느 책에 사용된 언어로 환언되면, 시는 "현상(Appearance)"과 상반되는 "실상(實相, Reality)"이다. 이것이 괴테의 견해였다는 사실은 괴테의 장편극시 제1서막[23]에서 증명된다. 이 서막에 등장하는 극단장(劇團長)이 시

---

23) 【괴테, 《파우스트》〈무대에서 시작하는 서막(Vorspiel auf dem Theater)〉.】

인의 예술이란 대중의 구미에 영합하거나 저속한 욕심들을 충족시키는 매음녀 같은 것이라고 빈정거리자 시인은 극단장에게 큰소리로 다음과 같이 항변한다.

　시인이 자연한테서 부여받은 지고(至高)한 권리를, 인간의 권리를, 그대에게 아첨하려고, 불경스럽게 탕진해버려야겠소? 시인이 무엇으로 만인의 심금을 울리겠소? 그가 무엇으로 모든 환경을 극복하겠소? 그의 가슴에서 우러나와 세계로 침투하고 그 세계를 그의 가슴으로 끌어들이는 조화로운 시심(詩心)으로 그리하지 않겠소? 자연이 끝없이 긴 실을 무심하게 자아내어 물렛가락에 감을 때, 뭉쳐서 몰려다니면서도 불화하는 모든 존재가 지겨운 불협화음을 남발할 때, 과연 누가 이토록 끝없이 지겹게 흘러가는 존재들의 행렬에 생명을 불어넣고 이들을 조화롭게 율동(律動)시키겠소? 누가 이토록 개별적인 존재들을 우주의 거룩한 신전으로 불러들여 영광스러운 합창단에 입단시키겠소? …… 누가 올림포스를 호위하고 신들을 회합(會合)시키겠소? 그리할 수 있는 인간의 능력이 시(詩)로 표현되는 것이외다.

그렇다면, 괴테의 관점에서, 시(詩)는 세계를 인간화(人間化)하는 것이고 세계에 인간의 정신을 주입하는 것이며, 세계는 오직 시로 표현되어야만 인간에게 부응하는 의미를 획득할 수 있다.[24] 역사는 아직 인간화하지 않은 세계를 묘사하기 때문에 아리스토텔레스가 "시는 역사보다 더 엄중하고 더 철학적인 것이다"라고 말해도 전혀 이상하지 않다.

나는 오늘날 유행하는 다소 의도적으로 정식화된 통념 때문에 이런 의견들과 인용문들을 제시했다. 그런 통념은 다음과 같이 요약된다. 시는, 그리고 사실상 일반적인 예술도, 실제로 매력적일뿐더러 어쩌면 향상운동을 촉진할 수도 있겠지만 엄중한 내용을 결여하는 만큼 중대하고 실질적인 인생사와 무관한 창작상상력의 단순한 유희에 불과하다. 슬프게도 서구에서 유행하는 문학작품들과 예술작품들의 대부분은 이런 통념에 실제로 부합한다. 그러나 위대한 문학작품들, 인류의 영원한 보물들에 포함되는 문학작품들은 이런 통념에 부합하지 않는다. 예컨대, 《욥기》, 《오레스테이아》, 《신곡》, 《파우스트》, 《줄리어스 시저》, 《추억》[25] 은 이런 통념

---

24) 【이 견해는 독일 철학자 임마누엘 칸트(Immanuel Kant, 1724~1804)의 철학에서 영향을 받은 듯이 보인다. 그러나 단테의 《신곡》 제3편 〈천국(Paradiso)〉에서도 이 견해가 발견된다.】

25) 【《오레스테이아(Oresteia)》는 고대 그리스 작가 아이스퀼로스(Aeschylus)(Aiskhylos: 서기전525~455)의 3부작 비극희곡이다. 《줄리어스 시저(Julius Caesar)》(1599)는 셰익스피어의 비극희곡이고, '줄리어스 시저'는 고대 로마 정치인 겸 작가 율리우스 카이사르(Julius Caesar, 서기전100~서기전44)의 영어식 명칭이다. 《추억(In Memoriam) A. H. H》(《In Memoriam》)은 브리튼 시인 앨프레드 테니슨(Alfred Tennyson, 1809~1892)이 막역한 친구이자 요절(夭折)한 시인이던 아서 헨리 핼럼(Arthur Henry Hallam, 1811~1833)을 진혼(鎭魂)하려고 1849년에 완성한 장시(長詩)이다.】

에 부합하지 않고, 여타 모든 시보다 더 위대한 시로 평가될 만한 예수의 복음은 이런 통념에 부합하지 않는 것이 확실하다. 앨프레드 테니슨은 (《추억》에서) 예수의 복음을 "이야기로 구현된 진리"라고 상찬한다. 어떤 사람들은 예수의 복음이 역사로 인정되지 않고 시로 인정되면 하찮아질 것이라고 느끼는 듯이 보인다. 그런 사람들은 아리스토텔레스의 명언을 상기하면 다르게 느낄 수도 있을 것이다. 예수의 복음은 단연코 시(詩)이기 때문에 진실하고 여태껏 세계에 어떻게든 영향을 끼쳤다. 근래에 독일 신학자 빌헬름 브란트(Wilhelm Brandt, 1855~1915)는 다음과 같이 말했다.

"공관복음서(共觀福音書)들에 묘사된 그리스도의 이미지는 종교시(宗敎詩)의 지고한 꽃이다."[26]

그렇다면 내가 생각하건대, 우리는 두 가지 가설을 세울 수 있다. 첫째, 《파우스트》는 엄중한 내용을 보유했다. 둘째, 《파우스트》는 인간의 "가슴에서 우러나와 세계로 침투하여 세계를 가슴으로 끌어들이는" 내면적 능력의 일면을 표현한다. 게다가 우리는 그런 내용의 정체를 조금도 의심할 수 없다. 왜냐면 개인들을 제도주의(制度主義, institutionalism)에서 해방시킨 것은 파우스트의 시대부터, 그러니까 독일 기독교개혁(이른바 종교개혁)과 이탈리아 르네상스(문예부흥)가 시작된 후부터, 역사 속에서 작용한 인간능력이 명명

---

26) 【빌헬름 브란트, 《복음의 역사와 기독교의 기원Die Evangelische Geschichte und der Ursprung des Christenthums》, p. 577.】

백백하기 때문이다.

우리가 미개인을 관찰하면 발견할 수 있듯이, 인간은 모든 것의 노예이다. 그러니까 인간은 자연의 노예, 상상된 보이지 않는 영능(靈能)들의 노예, 정념의 노예, 사회관계들의 노예이다. 이런 맥락에서 독일 철학자 헤겔(Hegel, 1770~1831)은 "인간의 역사는 자유의식(自由意識)의 진보이다"라고 말했다.

인간은 어쩌면 여태껏 다른 모든 노예상태보다도 제도들에 속박된 노예상태에서 스스로를 가장 느리게 해방시켰을 것이다. 고대세계의 역사에서 인간을 속박한 노예사슬을 끊으려던 시도는 두 번 결행되었다. 소크라테스(Socrates, 서기전470~399)가 최초로 결행했고 예수(서기전4~서기30)가 두 번째로 결행했다. 그러나 소크라테스는 투옥되었고, 예수는 십자가에 매달렸다. 그들의 시대에 존재한 자유를 향한 증오심은 그토록 지독했다. 예수의 단순명쾌한 가르침은 인간들을 해방시킬 수 있었다. 하지만 그의 가르침은 유태인들의 수중에 떨어져 유태교의 온갖 옹색한 편견들과 환상들에 유린되었고, 그리스인들의 수중에 떨어져 그리스 지식주의[27]의 엄격한 독단론들에 속박되었으며, 로마인들의 손때를 타면서 로마 제국 법률주의체계로 편입되었고, 그럴 때마다 세상에 알려진 어느 노예제도보다 더 폭압적인 노예제도를 떠받친 논리로 변

27)【知識主義(intellectualism): 주지주의.】

질되었다. 중세의 인간은 나름대로 생활하면서 단순히 국가와 교회라는 두 가지 제도단체의 일원으로서 영원한 구원을 희망했을 따름이다. 국가를 지탱한 학문은 법학이었고 의학의 조력을 받았다. 교회를 지탱한 학문은 신학이었고 철학의 조력을 받았다. 그래서 중세 대학교들의 4학과(四學科)를 성립시킨 이 학문들은 모든 구성원을 노예화하는 유기적 조직체의 도구들에 불과했다.

로마 제국에서 생장하여 훌륭히 적응한 이 조직체는 로마 제국의 지배를 받던 게르만족에게 덧씌워진 거푸집 같은 것이었다. 기독교수도사들은 이 조직체를 교회로 도입했고, 본디 교회의 세속화에 맞선 영적이고 신비주의적인 기독교의 항변에서 유래한 수도원제도는 모든 복잡한 조직체와 언제나 심하게 불화했다. 그래서 수도원을 중시한 게르만족의 기독교가 모든 개인의 노예화에 맞선 반항의 요소를 언제나 내포했어도 전혀 이상하지 않다. 그리고 게르만족의 특유한 심성(心性)들 중에도 개인자유를 애호하는 심정과 자립심은 이 요소를 강력하게 활성화했다. 역사상 게르만 요소로 지칭될 수 있는 이 요소는 라틴(Latin) 제도주의에 맞서 더욱 치열하게 투쟁했다. 중세 역사의 대부분은 이런 투쟁의 기록이다. 그러나 로마가 제국으로서 자득할 수 있었던 위광(威光)과 미신적 숭배감정 덕택에, 그리고 교회의 비호를 받던 프랑크족(Frank族, 이 족칭은 의미심장하다!) 샤를에게 게르만족의 발달하던 개인주의를 납득시킨 피우스 3세[28]의 현명한 외교술 덕택에, 라틴 정신은 오랫동안 우세할 수 있었다. 그러나 변화를 추구한 많은 시도가 번번이 무산되면서도 줄기차게 감행되자 마침내 변화가 시작되었고, 오랫동안 억눌렸던 게르만 정신은 자신을 옭죄던 쇠사슬들의 대부분을 끊어버리면서 자민족의 진정한 특성대로 자신의 권리를 주장하기 시작했다. 《파우스트》는 바로 이런 운동을 표현한 극작품이다. 이 운동은 유다야[29], 그리스, 로마의 지배적 영향권을 벗어나려는 게르만족(독일인)의 해방운동이다. 이것은 또한 유다야, 그리스, 로마의 정신이 이제부터 게르만 정신(독일 정신)에 복종하며 게르만 정신을 지배하지 말아야 한다고 주장하는 게르만 정신의 운동이다.

이 운동은 아주 명확한 두 가지 해방운동을 포함한다. 하나는 북유럽게르만족(튜턴족, Teuton族)의 해방운동이고 다른 하나는 이탈리아인들의 해방운동이다. 그러나 이 두 해방운동은 본질적으로 게르만족의 해방운동들이다. 왜냐면 이탈리아인들의 개인주의적 요소도 게르만족의 요소에 포함되기 때문이다. 북유럽게르만족의 해방운동은 교회의 문제들 -신학과 철학의 문제들- 에 얽매지 않는 자유를 추구하고, 이탈리아인들의 해방운동은 국가의 문

---

28) 【샤를(Charles)은 프랑스국왕 샤를 3세(Charles VIII, 1470~1498: 재위1483~1498)이고, 피우스 3세(Pius III, 1439~1503)는 1503년 9월 22일~10월 18일까지 재위한 로마 교황이다.】

29) 【Judea(Judæa): 예후다Yehuda, 유대, 유태】

제들 -의학(즉, 자연과학)과 법학의 문제들- 에 얽매이지 않는 자유
를 추구한다. 요컨대, 북유럽게르만족은 지성의 자유를 추구하고
이탈리아인들은 도덕적 자유를 추구한다. 우리는 프로테스탄트
개혁을 북유럽게르만족의 해방운동으로 간주하는데, 이것은 과격
한 합리주의의 결과이다. 또한 우리는 이탈리아 르네상스를 이탈
리아인들의 해방운동으로 간주하는데, 이것은 과격한 물질주의와
무도덕주의의 결과이다.

그러니까 게르만족의 운동이 이 두 가지 해방운동을 포함한다
고 평가된다면, 괴테는 자신의 극시에 이 해방운동들을 모두 감안
하여 반영했다고 평가될 수 있다. 《파우스트》는 이 모든 운동의
구체적 표현이다.

《파우스트》는 우리가 숙독(熟讀)하지 않아도 무방할 헌사와 함
께 시작된다. 곧이어 나오는 〈무대에서 시작하는 서막〉에서 문학
작품을 구성하는 것들로 간주될 수 있는 세 가지 측면 -(극단장의)
돈벌이수단으로 이용될 수 있는 측면, (배우의) 명성이나 찬사를 얻
는 수단으로 이용될 수 있는 측면, 미래의 모든 시대에 (시인의) 복
음으로서 전파될 수 있는 측면- 을 제시한 시인은 자신의 작품이
바로 복음으로서 전파될 수 있다고 노골적으로 주장한다. 물론 이
서막은 단순한 서문에 불과하다. 이 극시의 진정한 출발점은 〈천
국에서 시작하는 서막〉이다. 이것의 기능은 그리스 석조건물의 박
공벽(博栱壁) 모서리들에 새겨진 조각상들의 기능과 같다. 그러니

까 이 서막은 배우들의 연기가 진행되는 무대의 배경을 표시하고, 이 배경은 곧 드라마가 전개되는 세계이다. 이 서막의 형식과 기능은 《욥기》에서 차용된다. 그러나 이 서막은 《욥기》와 다른 두 가지 중요한 차이점을 보인다. 첫째, 이 서막에서 악령 메피스토펠레스는 《욥기》의 "천사들" 가운데 탐구적이고 비판적인 천사에 불과한 사탄을 대신한다. 둘째, 욥은 현생에서 모든 좋은 것을 박탈당하기 때문에 사탄의 희생자로 전락하지만 파우스트는 현생에서 모든 좋은 것을 질리도록 누리기 때문에 악의 유혹에 넘어가서 메피스토펠레스의 희생자로 전락한다.

그렇다면 이 드라마가 전개되는 세계, 즉 인간해방의 드라마가 전개되는 세계는 과연 어떤 세계인가? 그런 세계를 바라보는 우리의 관점은 대천사들의 관점과 메피스토펠레스의 관점으로 나뉠 수 있다. 대천사들과 메피스토펠레스는 오직 이 두 가지 관점에서만 구분될 수 있는데, 두 관점 중 하나는 보편적(普遍的) 관점이고 다른 하나는 부분적(部分的) 관점이다. (〈천국에서 시작하는 서막〉에서) 하느님은 보편성(普遍性)의 신령이고, 메피스토펠레스는, 스스로 설명하듯이, 부분성(部分性)의 정령, 아니면 적어도, 수다한 부분적 정령들의 일원이다.

〈천국에서 시작하는 서막〉은 하느님과 대천사들이 우주에서 지구로 서서히 접근하면서 시작된다. 대천사들은 하느님과 그의 위업들을 예찬한다. 대천사들의 관점에서, 그들의 시야에 들어오

이탈리아 피사(Pisa)의 가톨릭수도원 캄포 산토(Campo Santo)에 그려진
이탈리아 화가 겸 조각가 다이엘레 다 볼테라(Daniele da Volterra)(다이엘
레 리챠렐리 Daniele Ricciarelli, 1509~1566)의 프레스코를 모사한 사생화.

는 모든 것은 단일하고 숭고하게 화합하여 완전무결한 전체로 보이고, 하느님의 위업들은, 비록 그들의 능력으로는 가늠할 수조차 없지만, 첫날부터 여태까지 줄곧 영광스럽게 보인다. 그런데 정말이지 그들은 지구로 접근하면서 반대현상 에리스[30]를 발견하고 나중에는 분쟁, 파괴, 도탄(塗炭)마저 발견한다. 하지만 그들은 이 모든 것을 무릅쓰고 다음과 같이 합창한다.

> 어떤 천사도 당신의 뜻을 헤아릴 수 없지만
> 천사들의 시야에 들어오는 모든 것이 천사들의 기운을
> 북돋웁니다!
> 그러므로 당신의 모든 숭고한 위업은
> 첫날부터 여태까지 줄곧 영광스럽습니다.

우주에서 지구를 바라보는 대천사들의 세계관은, 당연히, 괴테의 세계관에도 부합한다. 이 세계관은 절대적이고 근본적이며 영원한 낙관주의(optimism)이다. 이것은 천체들의 조화로운 운행을 노래하는 시(詩)로 표현된다. 이것과 대비되는 것이 메피스토펠레스의 세계관이다. 그는 천사들이 지구에 당도할 때에 등장한다. 그의 세계관은 그의 부분적 시야를 벗어나지 못하므로 절대적 비관

---

30)【Eris: 그리스 신화에서 불화, 반목, 갈등, 분쟁을 조장하는 여신.】

주의(pessimism)이다. 이것도 시(詩)로 표현되지만 차라리 산문으로 서술되었으면 칭찬받았을 것이다. 메피스토펠레스는 천체들과 그 것들의 조화로운 운행을, 당연히도, 아예 모른다. 그는 정념(情念: 파토스: pathos)을 미비했고 현실과 맞대결시킬 이상(理想)마저 미비 했다. 그는 오직 인간과 자신의 사소한 관심사들만 주시할 따름이 다. 그래서 메피스토펠레스는 자신이 (대천사들의 합창가사를 패러디하 여) "첫날부터 여태까지 줄곧 특이하다"고 생각한다. 그를 고민하게 만드는 문제는 인간이 천국의 빛과 유사한 것을 갖고도, 이른바 이 성(理性)이라는 것을 갖고도, 오직 다른 모든 짐승보다 더 짐승다워 지는 방향으로밖에 사용할 줄 모른다는 것이다. 메피스토펠레스 의 관점에서 인간은 언제나 땅을 박차고 날아오르느라 용쓰지만 매번 추락해버리는 기다란 양다리를 가진 메뚜기처럼 보인다. 지 구상에서 솔깃한 것을 하나도 발견하지 못했느냐는 하느님의 질문 을 받은 메피스토펠레스는 퉁명스럽게 다음과 같이 대답한다.

"그렇답니다, 주님. 모든 것이 예나 지금에나 마찬가지로 지독하 게 조잡하답니다."

그런데 고통을 견디고 투쟁하면서 보편성을 향한 상승을 멈추 지 않으려는 인간의 의지는, 당연하게도, 메피스토펠레스를 난처 하게 만든다. 왜냐면 메피스토펠레스는 보편성을 극심하게 증오할 뿐더러 도무지 이해할 수도 없기 때문이다. 하느님은 이제 메피스 토펠레스에게 파우스트를 아느냐고 묻는다. 여기서 파우스트도 두 가지 관점에 이해된다는 사실은 흥미롭다. 하느님의 관점에서 파우스트는 단순한 인간이고 "나(하느님)의 종복"에 불과하다. 메피스토펠레스의 관점에서 파우스트는 "박사"이다. 여기서 "박사"는, 우리가 곧 알아보겠듯이, 비현실성들의 총체이다. 파우스트는 자신의 종복이라고 단언하는 하느님에게 메피스토펠레스는 냉소적 반응을 보이고, 파우스트의 태도를 신랄하게 비웃듯이 묘사하지만, 실제로는 이상적인 것과 보편적인 것에 몰두하되 아직도 맹목적으로 성급하게 몰두하는 파우스트의 태도를 곧이곧대로 묘사할 따름이다. 하느님은 자신을 섬기는 파우스트의 방식이 혼란스럽다고 인정하지만 자신이 머잖아 파우스트의 방식을 명료하게 만들겠다고 말한다. 이런 목적을 달성하려는 하느님의 도구로 자신이 선택되었다고 거의 짐작조차 못하는 오만불손한 메피스토펠레스는 하느님에게 내기를 대뜸 청하면서 다음과 같이 말한다.

"제가 박사를 저의 길로 은근슬쩍 유인해도 된다고 주님께서 허락해주시기만 하신다면, 주님께서는 종복을 잃어버릴 것이옵니다."

하느님은 내기를 수락하면서 "인간은 열망하는 만큼 죄악을 저지르기 마련이노라"고 말하더니 다음과 같이 첨언한다.

"이 영혼의 근원에서 이 영혼을 끌어내려 유인해봐라. 네가 이 영혼을 붙잡을 수 있다면 너의 길로 끌어내려봐라. 그러면 너는 끝내 부끄러워하며 '선량한 인간은 자신의 음산한 충동에 시달리

면서도 올바른 길을 명심하는 구나'라고 토로할 수밖에 없을 것이
노라."

메피스토펠레스는 자신이 내기에서 이기면 성대한 개선식을
거행했다고 장담하고, 하느님은 만약 메피스토펠레스가 내기에 이
기기만 한다면 개선식을 거행할 수 있는 특권을 행사해도 좋다고
말한다. 그리고 하느님은 괴테의 세계에서 통용되는 모든 도덕론
을 요약하듯이 다음과 같이 말한다.

"나는 이제까지 너 같은 정령들을 결코 미워하지 않았노라. 나
를 부정하는 모든 정령 중에도 냉소하는 정령은 나에게는 지극히
하찮으니라. 인간의 활동은 워낙 쉽게 해이해지므로 인간은 활동
하기 시작하자마자 무조건 휴식을 갈망하지. 그래서 나는 인간에
게 활동을 자극하고 활동명분을 제공하는 악마처럼 행세하기 마
련인 동료를 붙여주고프노라."

하느님은 이제 대천사들을 향해 다음과 같이 말한다.

"그러나 신들의 진정한 아들들이여[31], 너희는 싱싱하고 풍요로
운 아름다움을 즐겨라. 영원히 힘차게 작용하는 생성력(生成力)이
사랑의 은혜로운 울타리들로 너희를 감싸주리니, 허깨비처럼 중구
난방 떠도는 것을 너희의 끈질긴 생각들로 단단히 붙잡아라."

이 모든 것은 무엇을 의미하는가? 이 모든 것은, 요컨대, 부정

---

31) 【여기서 '신들'이라는 복수형 명사는, 아마 한국의 독자들에게는 다소 불편하게 읽히겠지만,
'신'이라는 단수형 명사와 구분되어야 한다.】

되지 않는 인간이 침체하고 나태하여 부패하고 망가질 수 있듯이, 신의 의지도 부정되면 방해받거나 가로막히기보다는 오히려 촉진된다는 것을 의미한다. 왜냐면 분열(分裂)은 모든 진화의 제1조건인 분화(分化)의 다른 이름일 따름이기 때문이다. 그래서 진화해야 하는 인간에게는 분열력(分裂力)을 발휘하는 동료가 필요하다. 분열력 자체는 사실상 순수한 악으로 인식되지만, 보편성의 통합력(統合力)에 부딪히면 진보를 촉발하는 반발력이다. 보편성의 이런 통합력을 재현하는 천사들은 분열시키는 희열을 누리기보다는 오히려 싱싱하고 풍요로운 아름다움의 원천인 통합하는 희열을 누리려고 애쓴다. 통합력은 사랑이다. 이것은 영원히 작용하는 생성의 활발한 과정에 한계들과 차이점들을 투입하여 개체들을 발생시킨다.[32] 이런 통합력은 '오직 변하는 상태로만 존재하는 현상들'을 포착하고, 그런 현상들에 지성의 법칙들을 부과하며, 그런 현상들을 가늠하는 생각들을 끈질기게 지속하여, '합리적 세계를 산출하는 영속성'을 그런 현상들에 부여한다.[33]

---

32) 【이것이 힌두교 경전 경전 리그베다(Rig veda)와 고대 그리스 작가 헤시오도스(Hesiodos, 서기전8세기 후반~7세기 초반)의 저작들에서 발견되는 견해와 비슷한 옛 아리아족(Arya族)의 견해라는 것은 확실하다.】

33) 【여기서 우리는 괴테의 후기 작품들을 특성화하는 '아리스토텔레스 사상과 칸트 사상의 놀라운 통합'을 발견한다. 이 통합은 아리스토텔레스의 형상론(刑相論)에서 다음과 같이 표현된다. 질료(質料)는 순수한 생성(게네시스, genesis)이라서 그것자체로는 결코 존재하지 않는다. 질료는 오직 지성(누스, nous)의 형상들(에이데, eide)에 종속되는 경우에만 존재(오우시아ousia)를 받아들인다. 지성의 형상들은 지고한 지성(누스)에서 생겨나고, 사랑은 세계를 지고한 지성과 관련시킨다. 이 통합은 칸트의 용어로는 다음과 같이 표현될 수 있다. 감각의 가변

그렇다면 괴테의 관점에서, 세계는 분열과 복구의 연속과정이고, 메피스토펠레스가 세계의 분열을 주도한다면, 신을 중심으로 작용하는 사랑의 힘은 분열되는 세계를 재통합하여 부단히 승격하는 전체로 복구한다.

《파우스트》에서 하느님이 할 말을 마치고 천국의 문이 닫히면 대천사들은 각자 직분을 수행하러 흩어지고 지구상에 혼자 남은 메피스토펠레스는 빈정거리듯이 다음과 같이 혼잣말한다.

"나도 이따금 저 늙은 친구를 보고프니까 절교당하지 않도록 조심해야지. 저 위대하신 하느님께서 나 같은 악마를 상대로 이토록 인간답게 대화하시다니 참 가상(嘉尙)하셔라."

가련한 메피스토펠레스! 그는 자신이 하느님에게 철저하게 이용당한다는 사실을 모른다.

〈천국에서 시작하는 서막〉은 이렇게 끝난다. 그리고 《파우스트》에서는 분명히 몇 해가 흐른 다음에야 제1막이 시작된다. 그동안 메피스토펠레스는 세계의 분열을 은밀히 획책하고 주도하느라 바빴다. 제1막의 초두에서 우리는 파우스트의 지성적이고 도덕적인 세계가 이미 완전히 분열되어 산산이 부서졌다는 사실을 발견

적 질료(그래서 변화는 공간과 시간을 반드시 포함한다!)에서 유래한 이해력(理解力; 오성; 悟性)은 고정된 형상들이나 범주(範疇)들을 가지고 세계를 창출한다. 괴테는 칸트보다는 오히려 아리스토텔레스를 더 추종하여 "이성(理性)은 합리적 목적에 부합하는 생력력이고, 이해력은 생성하는 것이다." 이성과 이해력 중 어느 것도 더 낫거나 더 진실할 수 없다. 이성은 '이해력이 파악하고 정리하여 통합한 세계'를 창출한다.】

한다. 그 세계는 중세의 제도주의에 얽매인 세계였다. 파우스트는 그 세계에서 생활하려고 애쓰며 개종하려고 노력했다. 또한 그는 대학교에 개설된 4학과를 모조리 철두철미하게 공부하여 박사학위들마저 취득했다. 그는 이 모든 과목을 10년간 가르친 대학교수가 분명하다. 그래서 메피스토펠레스가 파우스트를 "박사"로 호칭해도 당연하게 보인다.

그러니까 파우스트는 중세문화를 모든 면에서 완벽하게 대표한다. 그러나 이제 그는 자신의 모든 지식이 헛것들이라고 확실히 깨달았다. 그런 지식들을 판단하는 그의 견해뿐 아니라 그런 지식들로 설명되던 제도들을 판단하는 그의 견해도 어느덧 메피스토펠레스의 견해와 실제로 일치하기 시작했다. 파우스트는 한밤중에 음침한 중세풍 서재의 책상 앞에서 불안감과 절망감에 사로잡힌 듯이 갈팡질팡한다. 자신의 환경을 지긋지긋하게 여기고 사회적 지도력을 상실한 그는 자연에서 가르침을 구하고자 한다. 그에게 전통과 인습은 현실과 무관하게 허공을 떠도는 것들로 인식된다. 그의 모든 충동은 그런 전통과 인습을 떨쳐버리고 자연과 밀접한 관계를 맺고자 한다. 그에게 자연은 현실로 인식되는 물리적 자연이다. 이런 자연관은 그의 관심을 마법으로 이끈다. 마법은 그의 충동을 실현시켜주겠다고 약속하는데, 괴테는 실제로 그런 약속이 실현되도록 용인한다. 그래서 파우스트는 먼저 한 가지 자연력(自然力), 즉 우주정령(宇宙精靈)을 호출하고 이어서 또 다른 자연력, 즉 세계영혼(anima mundi)마저 호출한다. 하지만 그때서야 비로소 그는 자신이 자연과정에 일절 동참하지도 않고 자연력들을 전혀 닮지도 않아서 자연에서는 아무것도 실현할 수 없다고 깨닫는다.

파우스트는 자신의 서재를 방문한 제자 바그너(Wagner)를 보자 비로소 자신의 경악감과 절망감을 추스를 수 있었다. 무미건조한 현학자 바그너는 16세기 고전주의 문학으로 복귀하자는 인문주의를 대변한다. 그런데 이것마저 공허하다는 사실이 곧 자명해지면서 파우스트의 충동을 실현할 만한 또 다른 방편마저 무색해진다. 바그너는 떠나고, 다시 홀로 남은 파우스트는 절망감에 다시 휩싸인다. 그는 여전히 중세의 고물상점처럼 낡고 우중충한 서재의 음침한 분위기에 들러싸여 있다. 그는 이런 환경에서 헤어날 수 있는 출구를 모른다. 자연도 역사도 그에게 출구를 제시하지 않는다. 그래도 그가 모색할 만한 출구 하나가 아직 남았다. 만약 그가 자연계에 속하지 않는다면 정신계에 속하기 마련일 것이므로, 어쩌면 그를 괴롭히는 모든 고통과 압박감은 자연의 한 쪼가리 -그의 육체- 와 그를 잇는 접속관계에서 유래했을 것이다. 그래서 그는 자신을 부지불식간에 죽일 수 있는 독약을 사용하여 그런 접속관계를 끊어버리기로 결심한다. 그의 격동하는 상상력은 이제 그를 "순수한 활동의 신천지들로" -신성한 황홀경에 휩싸인 드높은 삶으로- 곧장 실어다줄 화염전차(火焰戰車: chariot of fire)를 바라본다.

파우스트는 이제까지 자신의 난국을 벗어날 출구를 찾으면서도 오직 그의 두뇌와 상상력밖에 사용하지 않았다. 욥의 시대부터 기록된 모든 역사와 노래된 모든 시가 증명하듯이, 개인의 두뇌와 상상력은 그런 난국을 벗어날 출구를 결코 찾지 못한다. 지성이 단독으로는, 심지어 상상력의 도움을 받아도, 삶의 문제들을 결코 해결하지 못한다는 사실보다 더 확실한 것은 없다. 지성은 언제나 니르바나(Nirvana; 열반; 涅槃)로 귀착하든지 불가지론(不可知論; agnosticism)으로 귀착하기 마련이다. 그래도 파우스트는 자신의 부계선조(父系先祖)들한테서 물려받은 오래된 수정잔(水晶盞) 한 개를 꺼내놓고 음독할 준비를 갖춘다. '생각'이라는 폐결핵에 아직 걸리지 않았던 찬란한 청춘기의 파우스트는 그 수정잔으로 흥겹게 술을 마시곤 했다. 그 수정잔은 그의 지성을 건드렸을 뿐 아니라 그의 내면에 잠재한 어떤 것마저 건드렸다. 그것은 비록 그의 심정, 그의 기분(Gemüt)을 건드려 그를 애틋하고 예민하게 만들었지만 그의 결심을 무디게 만들지는 못했다. 독약이 담긴 수정잔이 그의 입술에 닿는 순간에 부활절 종소리가 울려 퍼지며 거룩한 부활을 축하하는 찬송가를 반주하기 시작했다.

크리스트[34])께서 부활하셨네! 이 가사를 들은 파우스트는 멈칫

---

34) 【Christ: 그리스도, 구세주.】

하더니 자신의 입술에서 수정잔을 뗐다. 그는 찬송가에 홀린 듯이 귀를 기울였다. 크리스트가 파우스트를 구원하려고 파우스트의 내면에서 실제로 부활했다. 이것은, 요컨대, 파우스트가 크리스트의 세계적 의미를 평생 처음으로 이해했다는 말이다.

> 크리스트께서 부활하셨네!
> 참담한 배신과 지독한 채찍질과
> 영혼을 시험하는 수난들을
> 꿋꿋하게 견디시고
> 사랑을 간직하신 거룩한 분께서 부활하셨네.

파우스트에게 부활의 의미는 감당할 수 없이 벅차다. 부활 이야기는 정확한 사실이 아닐 수도 있지만, 파우스트에게는 사실보다 더 반가운 것이다. 왜냐면 크리스트의 부활은 파우스트의 내면에 잠재된 진정한 인간을 일깨우기 때문이다. 파우스트는 크리스트의 영웅다운 행위야말로 진정한 사나이의 행위라고 느끼는 반면에 파우스트 자신은 자살로 고통을 기피하려는 겁쟁이라고 생각한다. 그는 사나이라면 모름지기 단순한 자연에나 단순한 정신에 만족하지 말고 자연에 맞서 투쟁하는 정신에서, 모든 생존조건에 맞서 싸우는 인생에서 만족을 구해야 한다고 깨닫는다. 그는 다음과 같이 외친다.

오, 천국의 감미로운 노래들이여

울려 퍼져라!

눈물은 치솟거늘

대지는 나를 되살리누나.

신(神)에게 사나이로 인식된 파우스트는 메피스토펠레스에게 박사로 인식된 파우스트를 마침내 정복했다. 이제 메피스토펠레스가 신을 상대한 내기에서 이길 확률은 급감했다. 제1막은 쓸쓸하고 비통한 사도들의 노래에 화답하는 천사들의 노래와 함께 막을 내린다. 천사들의 노래는 다음과 같이 끝난다.

주님께서 너희 곁에 오셨나니,

너희를 구원하실 분께서 여기에 계시노라!

제1막에서 파우스트는 중요한 근대 개인주의운동의 초기단계들을 시종일관 확연하게 대변한다. 이탈리아에서는 칭케첸토[35]라고 통칭되는 이 운동은 16세기에 개시되었다. 중세 제도주의와 결별한 인간들은 (파라켈수스[36]처럼) 주술에서, 인문주의에서, 죽음을

---

35) 【Cinquecento: 1500~1599년 이탈리아 문화예술계의 여러 동향의 총칭.】
36) 【파라켈수스(파라첼주스; Paracelsus; 테오프라스투스 폰 호헨하임; Theophrastus von Hohenheim, 1493~1541)는 스위스 의사, 연금술사, 철학자이다.】

바라는 소망을 인간들에게 심어준 야심찬 신(新)플라톤주의적 관념론에서 만족을 추구했다. 그리고 마침내 그들은 크리스트의 일대기와 그의 부활을 믿는 신앙에 기대어, 아니 어쩌면, 더 엄밀하게는, 인간의 내면에서 진행된 인간정신의 진정한 부활에 기대어, 요컨대, 활동하고 실천하며 자선하는 기독교에 기대어, 인생을 다시금 수긍하기 시작했다. 물질세계에서는 오직 생명만이 생명을 힘차게 발동시킬 수 있듯이 정신세계에서도 마찬가지로 오직 생명만이 그리할 수 있다. 철학과 과학을 위시한 모든 학문은 아무것도 자생시키지 못하는 단순한 화학성분 같은 것들에 불과하다. 그렇다면 크리스트는 세계의 생명이라고 여기는 견해도 유의미할뿐더러 인생과 많이 동떨어진 것도 아니다. 적어도 괴테는 그렇게 생각했다.

인간생활에 동참하여 구원을 추구하기로 결심한 파우스트는 곧바로 그리할 수 있는 기회를 물색한다. 부활절의 첫날에 도시의 관문을 나선 파우스트와 바그너는 흥청망청하는 탕아들의 무리에 섞여든다. 이 장면에서 괴테는 기독교 개혁시대의 사회조건을 우리에게 묘사해줄 기회를 얻는다. 파우스트는 바로 그런 사회조건을 형성한 체계와 결별한다. 괴테는, 다른 모든 독일인과 마찬가지로, 그런 사회조건을 과다하게 묘사한다. 그러나 괴테의 묘사는 확실히 정확할뿐더러 전혀 고상하지도 않다. 그의 관점에서 민중은 반동물(半動物)들, 무식자들, 순종하는 자들, 미신에 사로잡힌 자들이라서, 요컨대, 확실히 무지몽매한(unaufgeklärt) 자들이다. 그들은 고명한 박사 파우스트를 미신적으로 존경하지만, 파우스트는 자신을 아는 만큼 자신의 모든 것을 내심으로 몹시 경멸한다. 해질녘에 길을 걷다가 어느 언덕 중턱의 바위에 바그너와 함께 걸터앉은 파우스트는 자신이 옛날에 겪은 종교체험들을 회고한다. 파우스트는 자신이 그런 체험들을 겪은 후부터 부지불식간에 진지한 인간으로 변했다고 술회하면서 '그런 체험들을 못해본 인간은, 그러니까, 천국의 최고층을 한 번도 구경하지 못한 인간은 정녕 가련하다!'고 탄식한다. 파우스트가 그런 체험들을 못했다면 결국에는 자신을 구원(救援)받게 만든 정당한 근거였다고 선언할 정도로 강력한 열망을 품지 못했을 것이다. 그러나 지금 그의 처지는 사뭇 다르다! 그는 자신과 세계의 모든 관계도 자신의 모든 학문도 망상의 바다에 불과하다고 생각한다. 그런 바다에서 그가 헤어날 가망은 거의 없다. 이때 황혼에 잠긴 봄날의 자연풍경이 그의 절망을 누그러뜨린다. 봄기운은 그의 혈기를 북돋우고, 그는 태양을 따라서 세계의 대륙들과 대양들을 누비고픈 낭만적 열망에 휩싸인다. 바그너는 파우스트의 상념들은 일시적 변덕들이라고 생각한다. 왜냐면 바그너도 이따금 그런 변덕스러운 상념들에 빠지곤 하기 때문이다. 그는 독서야말로 진정한 희락들의 원천이라고 생각한다. "고대의 숭고한 양피지문서를 펼치는 사람에게는 완전한 천국이 강림하지요." 바그너의 이런 견해를 향한 파우스트의 다음과 같은 응답은 파우스트를 심란하게 만든 원인을 보여준다.

　자네는 단 한 가지 충동밖에 의식하지 못하는군.
　오, 자네는 다른 충동을 결코 알지 못해!
　아아, 슬프게도, 나의 가슴속에는 두 영혼이 공존하네!
　더구나 한 영혼은 다른 영혼과 결별하려고 기를 쓰지.
　살과 피의 정욕에 휩싸인 영혼은 매혹적인 생체기관들
의 세계에 애착하지만,
　다른 영혼은 하찮은 육체를 벗어나 고결한 선조들의 거
처로 맹렬하게 솟아오른다네.

　두 영혼 중 하나는, 당연하게도, 개인성(個人性)의 영혼 내지 부분성의 영혼이고 다른 하나는 보편성의 영혼이다. 개인성의 영혼은 개인의 만족을 추구하고, 보편성의 영혼은 모든 역사를 단일하고 지고한 이념이나 목적의 계시과정으로 전망하면서 만족한다. 개인성의 영혼은 주관성의 정령(精靈)으로, 보편성의 영혼은 객관성의 정령으로 지칭될 수 있다. 이 두 정령은 파우스트의 가슴속에서 투쟁하는데, 객관적인 학습과 금욕주의에 다년간 탄압당한 주관성의 정령은 이제 보복하겠다고 객관성의 정령을 위협한다. 이런 상황은 세계를 공간세계(空間世)로 간주하는 그리스 정신이 세계를 시간세계(時間世界)로 간주하는 기독교정신을 정복하겠다고 위협하는 상황에 비견될 수 있다. 실제로 파우스트는 기독교정신에 반발하여 육체를 편애하는 심정에 휩싸인다. 그는 이제 하늘을 우러러보며 하늘에 공기정령(空氣精靈)들이 있다면 지상으로 내려와서 그를 새롭고 다채로운 삶(neuem buntem Leben)으로 이끌어달라고 기도한다. 바그너는 그토록 위험한 짓을 그만두라고 파우스트에게 애걸하며 공기정령들의 본색과 그들의 악영향을 설명해준다. 그런데 바그너의 경고는 파우스트의 귀에 들리지 않는다. 왜냐면 이때 파우스트의 모든 관심은 자신과 바그너의 주위를 맴돌며 뛰어노는 검은 푸들 한 마리에게 쏠렸기 때문이다. 바그너의 눈에는 지극히 평범한 개로 보일 따름인 그 푸들은 파우스트의 눈에는 정말이지 아주 신묘한 영물(靈物)로 보인다. 파우스트는 그 푸들을 자신의 집으로 데려간다.

오늘날 이중인격(二重人格)이라는 개념, 즉 한 사람의 가슴속에 공존하는 두 영혼 이라는 개념은 별로 낯설지 않다. 괴테도 이 개념을 잘 알아서《파우스트》에 표현했다. 우리가 곧 살펴보겠듯이, 푸들은 메피스토펠레스로 변신한다. 그러니까 푸들과 메피스토펠레스는 괴테가 외표(外表)하려는 주관성의 정령들에 불과하다. 괴테의 이런 표현법은 단테의 표현법과 비견될 수 있다. 왜냐면 단테는《신곡》에서 자신의 계몽된 이성을 외표하는 베르길리우스[37]

---

37)【고대 로마 시인 베르길리우스(Publius Vergilius Maro, 서기전70~서기전19).】

독일 화가이자 판화가인 프리드리히 구스타프 슐릭(Friedrich Gustav Schlick, 1804~1869)의 1850년작 동판화

를 등장시켜 극적 효과를 강화하는 동시에 독백의 극적 부조리를 피하는 기법을 사용했기 때문이다. 메피스토펠레스는 파우스트의 주관성의 영혼이 소망하는 언행을 고스란히 실행하는 행위자이다. 모든 윤리체계는 인간의 내면에 공존하는 주관성의 영혼과 객관성의 영혼을 화해시키려는 의도대로 고안된 장치들이 확실하다. 파우스트의 고민은, 당연하게도, 이런 두 영혼의 갈등에서 유래한다.

파우스트가 서재로 돌아오자마자 두 영혼 사이에서 매우 흥미로운 사건이 발생한다. 그때까지 파우스트의 실생활과 현실의 자연은 그의 내면에 잠재한 "선량한 영혼" - 신의 사랑과 인간의 사랑을 그에게 각성시킨 보편정신(普遍精神) - 을 일깨웠다. 그러나 푸들은 괴테의 서재에서 이리저리 뛰어 돌아다니고 킁킁거리며 냄새를 맡기도 하며 파우스트의 심기를 어지럽히기 시작한다. 난로 뒤의 푹신한 방석에 반갑고 점잖은 손님처럼 앉아있으라고 푸들에게 충고한 파우스트의 선량한 영혼은 다음과 같이 말한다.

"아, 우리의 비좁은 방 안을 알맞게 밝히는 등불이 켜지면 우리의 가슴속에도, 스스로를 인식하는 심정 속에도, 밝은 등불이 켜지네. 이성(理性)은 다시 말하기 시작하고 희망도 다시 활성화되지. 아, 그러면, 우리는 생명수(生命水)를 갈망하고 생명의 원천을 열망한다네."

요컨대, 영혼은 자신을 초월하고 자신의 이성을 초월하여 자신의 원천(우르켈; Urquell) -자족할 수 있는 유일한 곳- 으로 상승하고자 한다. 이것은 모든 신비주의의 근본진리일 뿐만 아니라 모든 종교의 근본진리인데, 세상에서 이것을 가장 잘 아는 사람은 바로 괴테이다.

그러나 사악한 정령은 선량한 영혼으로 다시 난입하고, 이번에는 으르렁거리기도 하므로, 선량한 영혼은 자신과 사악한 정령의 모든 차이를 감지할 수 있다. 파우스트는 묵상을 다시 속행한다. 계몽된 이성(理性)은, 사실상, 심대한 희열이다. 하지만 그런 희열은 금세 사라진다. 이성의 샘물은 영원히 솟아나지 않는다. 현세에서 영원한 만족을 갈구하는 영혼은 더 높은 것을, 이른바, 계시를 기대하기 마련이다. 그래서 그리스어 기독교 신약경전을 펼친 파우스트는 실제로 그것에 기록된 교훈의 중핵, 모든 신비주의의 핵심 -"태초에 로고스가 있었다"[38]는 구절- 을 포함하는 대목을 주목하고 번역하기 시작한다. 《요한복음서》의 필자는 로고스(Logos: 말씀) 교리를 틀림없이 필론[39]의 로고스 개념에서 차용했을 것이다. 필론은 이 개념을 플라톤과 제논[40]의 로고스 개념에서 차

---

38) 【En arche en o logos: 《요한 복음서》 제1장 제1절에 나오는 이 구절은 한국에서는 주로 "태초에 말씀이 있었다"라고 번역된다.】
39) 【Philon(필로 유대우스; Philo Judaeus, 서기전20~서기50경): 로마 제국의 지배를 받던 이집트 알렉산드리아에서 활동한 유태인 철학자.】
40) 【제논 키티에우스(Zenon Kitieus; 키티움의 제논; Zeno of Citium, 서기전334~262경): 고대 그리스의 스토아(Stoa) 철학자.】

용했고, 플라톤과 제논은 고대 그리스 자연철학자 헤라클레이토스(Herakleitos, 서기전535~475)의 로고스 개념을 계승했다. 이 개념 안에서 세계는 이성(로고스; 소피아; sophia)의 산물이므로 순전히 관념적인 것(ideal thing)이다. 이런 세계관은 (괴테를 만족시키지 못했듯이) 파우스트를 만족시키지 못한다. 그렇게 실망을 거듭하다가 마침내 "정령(Spirit)"한테서 영감(靈感)을 얻은 파우스트는 문제의 구절을 "태초에 행동이 있었다"로 번역할 수 있겠다고 생각했다. 그런데 이 번역문은 그리스어로 다시 번역되면 아리스토텔레스의 근본원리[41]와 일치한다. 그러니까 정령은 아리스토텔레스의 원리와 일치하는 계시에 도달하도록 파우스트를 도왔던 것이다("태초에 행동이 있었다"는 원리가 괴테의 결정적 신조(信條)였다는 사실은 유명하다). 실제로 파우스트는 현대세계를 다소 의식적(意識的)으로 규정하고 향후에도 계속 규정할 원리 -객관적 진리- 를 통찰하여 지득(知得)할 수 있었다. 선량한 영혼에게는 이것이면 족하다. 그러나 화해할 수 없는 사악한 정령 푸들은 여전히 선량한 영혼과 함께 공존한다. 선량한 영혼이 자유로운 진리로 접근할수록 푸들은 점점 더 심란한 골칫거리로 변한다. 으르렁거릴 뿐만 아니라 이제는 시끄럽게 짖어대고 늑대처럼 울부짖으면서 코뿔소처럼 거대하게 팽창하는 푸들은 불길을 내뿜는 두 눈과 섬뜩한 아가리를 겸비한 괴물로 변한다.

---

41) 【En arche en energeia.】

그동안 또 다른 주관성의 정령들은 자신들의 감금된 동료를 도울 태세를 갖추고 바깥에서 서재의 내부를 엿본다. 왜냐면 그 동료가 바로 푸들이기 때문이다. 파우스트는 솔로몬의 열쇠[42]와 잡다한 수단들을 동원하여 사악한 정령 푸들을 서재에서 쫓아내려고 애쓰지만 실패한다. 그러다가 파우스트는 마침내 예수의 이름을 포함하는 문구(예수 앞에서는 누구나 무릎을 꿇어야 한다)가 적힌 표식을 사용한다. 그때 푸들은 온몸의 털을 곤두세운 거대한 괴물로 변하고, 파우스트는 다음과 같이 질타한다.

> 간악한 종자여!
> 네가 그분을 어찌 읽겠느냐,
> 영원불멸하시고
> 감히 형언되실 수도 없으며
> 모든 하늘에 편재하시고
> 십자가에 참담하게 못질되신 그분을?

푸들은 이제 희뿌연 안개를 일으키며 부풀대로 부풀어 서재를 가득 채울 만큼 거대해진다. 그러나 파우스트가 "세 배나 더 찬란

---

42) 【Solomon's Key: 이것은 '솔로몬 왕에게 포획되어 지옥에 구금된 악마들을 소환하는 주술(마법)용 주문과 부적'을 뜻하고, 큰 열쇠와 작은 열쇠가 있는데, 작은 열쇠는 본서 제4부에서 간략히 설명될 것이다.】

한 빛, 그분의 능력들 중 최강능력"으로 푸들을 위협하자 푸들은 마지못해 자신의 정체를 드러낸다. 안개가 사라진 자리에 편력(遍歷) 대학생(traveling scholar)이 나타났는데, 파우스트는 그런 족속을 워낙 잘 알았다. "바로 이것이 푸들의 정체였군!" 파우스트는 재미나고 놀랍다는 듯이 이렇게 말했다.

여기서 다음과 같은 의문이 제기될 수 있다. 메피스토펠레스가 편력 대학생으로 변장하고 나타난 까닭은 무엇일까? 이 의문의 답변은 쉽다. 왜냐면 조르다노 브루노와 루칠리오 바니니[43] 같은 인물들이 바로 개인주의정신을 각별하게 구현한 떠돌이 대학생들이었기 때문이다. 그들은 사탄처럼 세상의 곳곳을 유랑하면서 인간들의 신앙을 시험했다. 오늘날 우리에게는 바로 그런 대학생들이 가장 절실하게 필요하다.

파우스트는 편력 대학생에게 이름이 뭐냐고 질문한다. 대학생은 말씀(로고스)을 지독하게 경멸하는 인간의 입에 차마 담지 못할 하찮은 질문에는 대답하지 않겠다고 응수한다. 그러나 대학생은 자신의 본질(오우디아: oudia)이나 행동(에네르게이아: energeia)을 파우스트에게 아주 기꺼이 설명한다. 대학생은 "언제나 악(惡)을 바라면서 언제나 선(善)을 산출하는 역량의 일부분"이다.

---

43) 【조르다노 브루노(Giordano Bruno, 1548~1600)는 이탈리아 가톨릭교 수도사, 철학자, 수학자, 시인, 연금학자이고, 루칠리오 바니니(Lucilio Vanini, 1585~1619)는 이탈리아 철학자, 의사, 자유사상가이다.】

그리고 파우스트의 추가 질문을 받은 대학생은 다음과 같이
설명한다.

저는 줄기차게 부정하는 정령입니다.
왜냐면 생성하는 모든 것은 사멸할 수 있으므로
부정되어도 당연하기 때문이죠.
그렇다면 아무것도 생성하지 않는 편이 더 낫겠죠.
그래서 죄악과 파괴, 요컨대,
악으로 통칭되는 모든 것이 저의 고유 활동영역이랍니다.

대학생이 "일부분"처럼 보이지 않는다고 파우스트가 응수하자
대학생은 다음과 같이 말한다.

제가 하찮은 진실을 말해드리지요.
바보들의 미욱한 세계 같은 인간은
평소에 자신을 전체로 자처하지만,
저는 태초에 전체였던 부분의 일부분,
빛을 낳은 어둠의 일부분이랍니다.
오만한 빛은 이제 자신을 낳아준 어머니-밤(母夜)의
오래된 지위를, 이른바, 공간을 찬탈하려하지요.
그러나 빛은 물체들에 집착하므로

어머니-밤의 지위를 아무리 열망해도 찬탈하지 못합니다.

왜냐면 빛은 물체들에서 방사되지만, 물체는 빛의 진로

를 가로막기 때문이지요.

그러니까 저의 바람대로 빛은 머잖아

물체들과 함께 파멸할 것입니다.

여기서 "물체"와 "어둠"은, 당연히, 동의어들로 사용된다(이런 용어법은 아리스토텔레스의 용어법과 비교될 수 있다). 여타 대목에서 메피스토펠레스는 악마들이 세계를 만들었다고 주장한다.

그래서 철학의 언어로 표현되는 메피스토펠레스의 이런 세계관은 다양한 전거(典據)들에서 도출된 다양한 요소들로 구성된 것이 확실하다. 메피스토펠레스는 일정한 역량(뒤나미스: dynamis)의 일부분이다. 그는 부정하는 정령이고, 원래 전체였던 부분의 일부분이며, 빛을 낳은 어둠의 일부분이다. 아리스토텔레스와 네덜란드 철학자 스피노자(Spinoza, 1632~1677)는 이런 세계관을 거의 동등하게 공유한다. 역량 또는 질료는 인식될 수 없는 것이거나 어두운 비밀이라고 아리스토텔레스는 말한다. 스피노자는 "모든 결정은 부정(否定)들이다"라고 말한다. 그리고 아리스토텔레스는 "질료는 개별화의 원리이다"라고 말한다. 그렇다면 괴테에게 메피스토펠레스는 차이들을 유발하는 분열력에 불과하다. 이런 힘은 통합력의 반작용을 받지 않으면 세계를 단순한 원자 같은 잠재태(潛在

態)로 축소하여 파괴(zerstören)할 수 있을뿐더러 원자들마저 파괴할 수도 있다.

메피스토펠레스가 세계를 괴멸하려는 자신의 노력들에 부여하는 근거는 매우 흥미로울뿐더러 헤겔의 정신과 거의 일치한다. 그런 노력들은 메피스토펠레스를 멀리 데려가지 못한다.

> 저는 허무와 상반하는 것을,
> 뭔가 실다운 것을, 이토록 견고한 세계를,
> 어떻게든 도모하려고 애썼지만
> 아무 성과도 거두지 못했지요.
> 격랑, 폭풍우, 지진, 화재를 유발해도
> 바다와 육지는 미동조차 하지 않았죠.
> 게다가 젠장 맞게도 짐승들이나 인간들은 새끼들을 줄
> 줄이 까대니까
> 제가 그것들에게 아무 피해도 입히지 못했습죠.
> 저는 그러다가 엄청나게 많은 짐승과 인간을 땅에 파묻
> 었답니다!
> 그런데도 언제나 새롭고 신선한 피는 활발하게 순환합죠.
> 이런 과정이 계속되니까 정말 미칠 지경이지요.
> 하늘에서도 바다에서도 육지에서도
> 메마르든 축축하든 따듯하든 춥든

무수한 생명이 싹튼단 말입니다.

제가 그나마 불꽃이라도 간직하지 않았다면

완전히 빈털터리로 전락했을 겁니다.

여기서 불꽃의 불은, 당연히, 분해력(分解力)이다. 파우스트는
메피스토펠레스에게 다음과 같이 응수한다.

그러니까 네가 차가운 악마의 주먹을

영원히 생동하는 건강한 창조력에 들이밀어도

그 주먹을 만든 악심은 무기력하리니.

차라리 다른 사업을 물색해봐라,

혼돈(카오스)의 기괴한 아들아!

메피스토펠레스는 지금 신(神)의 사업을 가장 충실하게 대행
한다. 그러나 이것은 (괴테는 물론 확실히 알지만) 파우스트도 메피스
토펠레스도 모르는 사실이다. 새로운 사업을 물색할지 여부를 고
민해보겠다고 파우스트에게 약속한 메피스토펠레스는 서재를 나
갈 수 있게 해달라고 부탁한다. 메피스토펠레스는 서재로 들어서
면서 통과했던 출입문으로 다시 나가야 했지만, 문턱에 그려진 펜

타그람⁴⁴⁾이 그를 가로막는다. 애초에 펜타그람의 꼭짓점들 중에 바깥방향 꼭짓점이 불완전했기 때문에 그는 서재로 들어설 수 있었다. 그러나 안쪽방향 꼭짓점은 완벽했기 때문에 그는 서재를 나갈 수 없었다. 이런 묘리를 간파한 파우스트는 메피스토펠레스에게 이런저런 질문을 던지면서 메피스토펠레스를 계속 붙잡아두는 데 유용한 정보를 얻고자 한다. 그러자 메피스토펠레스는 자신의 능력들 중 하나를 파우스트에게 보여주겠다고 제안한다. 그런데 메피스토펠레스는 이 능력을 선보이면서 파우스트를 잠재우는 데 사용한다. 실제로 메피스토펠레스는 일련의 낭만적 환상들로 파우스트의 상상력을 오염시킨다. 그런 환상들은 낭만주의문학의 원료들이고, 연약하고 감상적인 격정과 자기비하감정(自己卑下感情)을 자극하여 도덕적 해이(解弛)와 문란(紊亂)을 초래할 뿐더러 여태껏 줄곧 초래한 요인들이다. 낭만적 격정을 자극하는 환상들에 파우스트를 빠뜨려 잠재운 메피스토펠레스는 펜타그람의 안쪽방향 꼭짓점을 갉아먹으라고 추잡한 시궁쥐에게 명령한다. 그리하여 메피스토펠레스는 서재를 탈출한다. 이윽고 잠깬 파우스트는 자신의 푸들과 악마가 자신의 통제권을 벗어났다는 사실을 알아챘다.

파우스트는 현실에서 새로운 생활을 시작하는 동시에 타락의 길로 첫걸음을 내딛었다. 그는 시간세계를 벗어나 공간세계로 접어

---

44) 【pentagram: 오각성도(五角星圖), 즉 오각별(오각성; 五角星)이 그려진 부적.】

들었다. 시간세계가 도덕관념들을 역사적으로 전개시키고 인간들을 진지하게 자제하는 존재들로 만드는 세계라면, 공간세계는 인간의 상상력을 충족하는 풍경들의 세계이며 덧없고 부질없는 것들의 세계이다. 이런 공간세계에서 파우스트의 도덕적 순수성과 정신적 우월성을 상징하는 펜타그람의 꼭짓점은 갇혀버린다. 그는 이제 더 심하게 타락할 준비를 갖췄다. 실제로 이런 상황에서 그는 타락과 분열을 주도하는 무리에 선뜻 동참해버린다. 그래서 괴테가 생각하듯이, 개인 또는 인간종족이 나름의 도덕을 역사적으로 발전시키려는 학습을 단념하고 자연현상들을 향락하기 시작하면 그런 개인 또는 인간종족의 도덕체계는 해체되기 시작하지만 그런 해체과정은 새로운 재건의 준비과정이다. 괴테의 이런 견해는 옳다. 우리는 이런 견해의 증례를 그리스에서도 발견하지만 기독교개혁과 르네상스의 시대에서도 발견한다. 《파우스트》에 나오는 정령들의 노래는 조르다노 브루노의 노래였거나 이탈리아 시인 루이기 탄실로 (Luigi Tansillo, 1510~1568)의 노래였을 수도 있다. 그런 노래들은 인간의 두 가지 원초적 본능이 타락하면 다른 모든 본능마저 덩달아 타락할 수 있다고 우리에게 알려준다.[45]

---

45) 【타락한 본능을 최초 죄악으로 간주하는 괴테는 견해는 교만(驕慢)을 최초 죄악으로 간주한 단테의 견해와 비교될 수 있다.】

제3장

활동하는 메피스토펠레스

종교, 철학, 예술은 똑같은 내용을 공유하되 서로 다른 방식으로 표현할 따름이라고 헤겔이 말했다. 나는 이 말이 종교의 본성을 오판한 사람의 중대한 실언이라고 생각할 수밖에 없다. 종교는 고유한 내용을 점유하고, 철학은 종교의 내용을 거의 공유하지 않는다. 그런 한편에서 예술의 내용은 철학의 내용과도 부분적으로 일치하고 종교의 내용과도 부분적으로 일치한다. 그러나 실상은 비록 이래도, 예술을 철학과 종교와 함께 가장 엄중하고 포괄적인 내용을 다루는 분야로 간주하는 헤겔의 견해는 완전히 타당하다. 물론 헤겔의 이런 견해는 오직 위대한 예술에만 해당한다. 어쩌면 세계적 예술(world art)이라고 표현될 수 있을 위대한 예술은 세계에서도 아주 드물고 희귀하다. 잉글랜드 철학자 토머스 힐 그린

(Thomas Hill Green, 1836~1882)은 다음과 같이 말했다.

"철학은 역사를 간직하지만, 철학의 역사는 소수의 위대한 이름들로 요약된다."

이 말은 예술에도 부합하고 문학예술에는 특히 더 잘 부합한다. 세계적 시인은 아무리 많아도 다섯 명에 불과할 것이다. 평범한 문학계에서 도출된 결론들은 세계적 시인들에게는 적용되지 않는다. 모든 평범한 문학작품은 한두 번만 읽혀도 나름의 깊이를 드러낸다. 이 진술은 심지어 스코틀랜드 소설가 겸 시인 월터 스콧(Walter Scott, 1771~1832), 브리튼 소설가 윌리엄 메이크피스 새커리(William Makepeace Thackeray, 1811~1863), 잉글랜드 소설가 겸 시인 조지 엘리엇(George Eliot, 1819~1880) 같은 문인들의 작품에도 부합한다. 이 진술은, 내가 믿기로는, 모든 프랑스 문학작품에도 빠짐없이 부합한다. 그러나 세계적 시인들의 작품에는 이 진술이 거의 부합하지 않는다. 그들의 작품은 더 자주 더 면밀하게 읽힐수록 더 심원한 깊이를 드러낸다. 내가 기억하건대, 미국 시인 겸 비평가 제임스 러셀 로월(James Russell Lowell, 1819~1891)은 단테의 《신곡》을 오십 번째 완독한 순간에 비로소 그 작품의 새로운 의미를 깨달았다고 말했다. 또한 잉글랜드 성직자로서 예민한 통찰력을 가진 프레더릭 윌리엄 로버트슨(Frederick William Robertson, 1816~1853)은 셰익스피어의 《맥베스》를 오십 번째 완독한 순간부터 비로소 그 작품의 의미를 깨닫기 시작했다고 말했다. 이런 반복독법의 증례는 충분히 더 인용될 수 있다.

그러나 《신곡》이나 《맥베스》를 딱 한두 번만 읽고도 서슴없이 판단하면서 확신해마지않을뿐더러 그 작품들의 많은 의미마저 서슴없이 꼼꼼하게 설명하는 사람들도 있다. 나는 그런 사람들을 볼 때마다 예전에 이탈리아 피렌체(Firenze)의 피티 궁전(팔라초 피티: Palazzo Pitti) 앞에서 만난 활달한 청년을 상기한다. 그때 궁전을 나서던 청년은 나에게 다가오더니 보볼리(Boboli) 공원으로 가는 길을 가르쳐달라고 부탁했다. 그에게 공원으로 가는 길을 가르쳐준 나는 혹시 피티 궁전을 연구하지 않았느냐고 질문했다. 그러자 청년은 해맑게 대답했다.

"맞아요. 저는 두 시간 동안 궁전 안을 거닐며 모든 것을 봤어도 딱히 흥미로운 것을 전혀 못 봤어요."

나는 무려 한 달간 날마다 궁전 안을 구경했어도 아직 궁전의 일부분밖에 못 봤다고 청년에게 응수했다. 그러자 청년은 흡사 바보천치를 바라보듯 나를 빤히 바라보다가 아무 말도 하지 않고 보볼리 공원으로 횡하니 가버렸다. 그런 만남은 아마 10분 만에 끝났을 것이다. 나는 여태껏 그 청년 같은 사람들을 볼 때마다 굉장히 감탄하면서도 어쩌면 그들은 눈여겨봐야 할 것들의 대부분을 간과해버린 자들이 아니겠느냐고 지독하게 의심했다. 나의 이런 의심은 아직도 사그러들지 않았다.

이제껏 《파우스트》와 《신곡》을 각각 적어도 오십 번이나 완독한 나는 그 작품들을 읽을 때마다 그것들의 깊이와 의미를 점점 더 확연하게 깨달았다. 그래서 오히려 이 작품들을 한두 번밖에 읽지 않고도 "그것들에 담긴 모든 것"을 봤지만 "딱히 흥미로운 것"이나 심오한 것을 전혀 못 봤다고 쉽게 확언하는 사람들을 볼 때마다 나는 굉장히 감탄할 수밖에 없다. 그런 동시에 나는 내심으로 언제나 그들이 눈여겨봐야 할 모든 것을 간과해버린 자들은 아니겠느냐고 의심한다. 그런 사람들은 똑같은 시(詩) 한 편을 읽어도 자신들이 깨달은 것보다 더 많은 것을 깨달은 사람을 거의 반드시 비난하기 마련이다. 왜냐면 그들은 각자 나름대로 재빠르게 얻은 통찰이야말로 여타 가능한 모든 통찰을 가늠하는 척도일 뿐 아니라 심지어 시인의 의도대로 시에 담겼을 모든 내용마저 가늠하는 척도라고 추단하기 때문이다.

나는 《파우스트》가 그 청년 같은 사람들에게 일러주는 것보다 더 많은 것을 나에게 일러준다고 알아챌 수 있는 분들께 양해를 구하느라 서두를 이렇게 장황하게 시작했다. 내가 그분들께 다음과 같은 것들을 확인시켜드리고자 한다.

첫째, 지난 200년간 활동한 시인들 중 가장 위대한 시인인 괴테의 견해에 내가 아무것도 보탤 수 없다고 생각할 만큼 나의 자존심은 미미하지 않다.

둘째, 나는 더 널리 인정받는 그 청년 같은 사람들의 견해를 두고 왈가왈부하지 않을 것이다.

내가 생각하건대, 진정한 시(詩)는 철학의 모든 내용과 종교의 많은 내용을 포괄할 수 있으면서도 언제나 개인적이고 구체적인 내용을 특유한 형식에 담아서 표현할 수 있다. 《파우스트》가 바로 그런 표현형식이다. 그러나 내가 믿건대, 《파우스트》의 내용은 개인의 해방을 추구하는 철저히 정신적인 운동이다. 이것은 특히 각기 나름의 역사와 범위에서 나름의 결과들을 산출하면서 진행된 게르만족의 기독교개혁과 이탈리아의 르네상스로 구성되는 운동이다. 《파우스트》의 주제는 당연히 방대하다. 어쩌면 그래서 괴테가 이 주제의 다양한 국면들에 어울리는 -연극연출에 적합한- 구체적 표현들을 찾으려고 노력했지만 매번 성공하지는 못했으므로, 당연하게도, 연극에는 언제나 조금도 어울리지 않는 단순한 알레고리(allegory)에 이따금 의존할 수밖에 없었다고 인정되어야 할 것이다. 심지어 역사철학도 그토록 방대한 주제를 쉽게 다룰 수 없거늘 시(詩)가 어찌 그런 주제를 쉽게 다룰 있으랴. 아마도 그런 주제를 온전하게 다룰 수 있는 유일하게 적합한 형식은 독일 작곡가 리하르트 바그너(Richard Wagner, 1813 ~ 1883)의 오페라뿐일 것이다. 물론 이것은 과문한 나의 추측에 불과하다.

어쨌든 이제 본론으로 돌아가자. 파우스트의 서재 문턱에 그려진 펜타그램의 안쪽방향 꼭짓점을 갉아먹은 시궁쥐 덕분에 파우스트의 통제권을 벗어난 메피스토펠레스는 외표(外表)된 파우스트의 조악한 영혼이자 단순한 주관성이다. 메피스토펠레스를 이렇게 외표하기 전까지 파우스트의 내면분열(內面分裂)은 오직 파우스트의 의식(意識) 속에서만 진행되었으므로 외부세계에는 아무 영향도 주지 않았다. 그러나 이제 메피스토펠레스는 방면되었고 상황은 달라졌다. 파우스트는 자제력을 잃었다. 부활절에 소풍을 마치고 서재로 돌아온 파우스트는 편력 대학생의 모습으로 나타난 자신의 조악한 자아를 마주친다. 괴테의 시대에 편력 대학생은 상당히 많았다. 교회조직과 봉건체제에서 고착된 신분의 굴레를 떨쳐버린 그들은, 마치 사탄처럼, 세계의 곳곳을 편력하면서 세계를 변화시키려는 열망을 충족했고 이색적인 관념들을 수집하여 전파했다. 자제력을 잃은 파우스트는 서재의 출입문을 두드리는 자신의 조악한 자아를 맞이하며 '들어오라'고 세 번이나 말한다. 그 자아는 방탕한 귀족청년의 모습으로 파우스트 앞에 나타난다.

방탕한 로타리오[46]처럼 비단(緋緞)망토을 걸치고 깃털로 치장된 모자를 썼으며 금실(金線)로 짜인 상의를 입고 단도(短刀)를 허리에 찬 귀족청년은 "불편부당하고 자유로운 개인이야말로 인생의 실상을 체험할 수 있다"는 방탕아들의 유행어를 실천할 수 있도록 자신의 것과 똑같은 복색을 갖추라고 파우스트에게 권유한다. 그러자마자 파우스트의 행색은 일변했다. 이것은 그의 감정들이 타락하면서 자초한 변화였다. 그런 감정들에 휘둘린 파우스트는 (객

---

46)【Lothario: 에스파냐 작가 미겔 데 세르반테스(Miguel de Cervantes, 1547~1616)의 장편소설《돈키호테(Don Quixote)》(1605) 제1부에 등장하는 방탕하고 파렴치한 젊은 기사(騎士).】

독일 화가 마르틴 래멜(Martin L mmel, 1849~?)의 동판화

관적 자아를 잃어버린 모든 사람처럼) 몹시 강퍅해지고 조급해지면서, 열정에 사로잡힌 맹목적이고 난삽한 생활을 갈망하고, 기껏해야 부활절 종소리에도 감동하여 자살계획을 포기해버린 자신의 나약한 감상벽(感傷癖)을 저주하며, 모든 상냥하고 인간적인 감정과 소망과 관계를 저주하고, 심지어 신앙과 희망과 사랑뿐 아니라 특히 인내(忍耐)라는 기독교의 위대한 미덕마저 저주한다. 이런 파우스트의 언사(言辭)는 저주받은 자들의 영혼이 지옥으로 떨어지기 전에 내뱉는 언사와 매우 흡사하다. 그것은 신(神)과 결별하고 모든 신법(神法)과 결별하며 신의 모든 축복수단과 결별하는 영혼들의 최종언사이다. 파우스트도 이제 중세 기독교세계와 완전히 결별했고 그 세계의 모든 제도, 덕목, 희망, 공포심과도 완전히 결별했다. 그의 관점에서 그 세계는 파멸했다. 하지만 그는 그 모든 것과 결별했어도 지옥으로 가지 않는다. 그를 얽매는 모든 광포한 초조감(焦燥感)의 저변에는 그에게 적합한 또 다른 세계를 건설해야 하고 또 건설하려는 진심을 간직한 영혼이 존재한다. 복원작업을 주관하는 '보이지 않는 정령들'은 다음과 같이 노래한다.

그대는 강력한 주먹을 휘둘러
아름다운 세계를
박살내버렸지.
반신반인(半神半人)이 뒤흔들어버린

그 세계는 무너졌고, 파멸했다네!
그 세계의 잔해들마저
분쇄하여 없애버린 우리는
사멸한 아름다움을
비통하게 애도하네.
대지의 자식들 중에도
가장 강대한 (유일한) 아들이여
더욱 영광스러운
세계를 다시 건설하라.
그대의 가슴속에 세계를 건설하라!
싱싱한 감각으로
새로운 삶을
시작하면
새로운 노래들을
세계에 울려 퍼뜨릴 수 있으리니!

옛 세계는 외면적(外面的)이고 제도적이며 미학적인 세계였다. 새로운 세계는 내면적이고 개인적이며 도덕적인 세계일 것이다. 파우스트는 새로운 세계에서 낡은 외표들을 떨쳐버린 싱싱한 감각들로 새로운 삶을 시작하여 개인주의의 예술로 새로운 예술세계를 창출할 것이다.

메피스토펠레스는 자신의 앞잡이들 중에 가장 왜소한 녀석이 이 노래를 불렀다고 얼버무린다. 그 앞잡이는 현명하게도 파우스트의 모든 감각과 활력을 침체시키는 고독한 거처를 벗어나 드넓은 세계로 진출하라고 파우스트에게 충고한다.[47] 메피스토펠레스는 앞잡이의 충고에 자신의 충고를 덧보태며 파우스트에게 한 가지 제안을 한다. 그것은 만약 파우스트가 다른 세계(내세: drüben)에서 메피스토펠레스를 충실하게 섬기겠다고 약속한다면 메피스토펠레스는 이 세계(현세: 現世)에서 파우스트를 충실하게 섬기겠다는 제안이었다. 과거의 모든 낡은 이상(理想)과 결별하고 오직 현세만을 참된 세계로 인정하는 파우스트는 메피스토펠레스의 제안을 선뜻 수락한다.

허무주의와 염세주의의 결과처럼 보이는 이 대목은, 요컨대, 진리의 유익한 싹을 내포한다. 왜냐면 현세에서 만족할 수 없는 인간은 다른 여느 곳에서도 만족할 수 없을 것이 확실하기 때문이다. 현세의 합리성은 여느 세상에서도 합리성을 기대하는 희망의 유일한 근거를 우리에게 제공한다. 그래서 현세는 만족스러워야 한다고 요구하는 파우스트는 완전히 온당할뿐더러 근대세계의 씩씩한 정신을 표현한다. 그런 동시에 파우스트는 메피스토펠레스 같

---

47) 【메피스토펠레스는 이제 파우스트의 가장 탁월한 영감(靈感)들을 메피스토펠레스 자신에게 유리하도록 해석하는데, 메피스토펠레스의 그런 해석을 용납하는 파우스트의 태도는 흥미롭게 관찰될 만하다.】

은 "가련한 악마" -인간의 정신(가이스트: Geist)이나 고상한 포부를 전혀 이해하지 못하고, 오직 소모되는 것들밖에 제공하지 못하는 악마-는 파우스트 자신을 결코 만족시킬 수 없다고 확신해마지 않는다. 그래서 파우스트는 메피스토펠레스를 상대로 기꺼이 계약을 체결한다. 파우스트는 잠시나마 계약을 체결할 수 있다면 자신이 감행하기로 작심한 모든 일을 메피스토펠레스와 함께 감행할 수 있으므로, 메피스토펠레스의 요구조건을 수락하여, 자신의 피를 흘리는 행위 -자신의 모든 인격을 저당(抵當)하는 행위-로써 계약을 성사시킨다.

메피스토펠레스는 모든 면에서 애초부터 이기지 못할 내기를 시작했다. 왜냐면 그는 파우스트의 정신적 본성 또는 그것을 만족시킬 수 있는 것조차 아예 파악하지 못하기 때문이다. 정신의 내용은 육체의 범위를 완전히 벗어난다. 여기서 비록 파우스트가 자신을 메피스토펠레스에게 완전히 내맡겼어도, 잉글랜드 극작가 크리스토퍼 말로우(Christopher Marlowe, 1564~1593)의 비극희곡 《파우스트 박사(Doctor Faustus)》(1592)에 나오는 파우스트처럼 타락한 종자와 다르게, 문란하고 방탕한 생활에 자신을 내맡기려는 의향을 결코 품지 않았다는 사실은 주목받아야 한다. 그런 반면에 괴테의 파우스트가 바란 것은 경험이다. 그것은 지극히 감동적이고 짜릿하며 통렬한 경험이다. 이 파우스트는 다음과 같이 말한다.

• 메피스토펠레스와 계약하는 파우스트

오스트리아 화가 프란츠 짐의 동판화

생각의 맥락은 이제 끊겨버렸고,

나는 이론 따위를 포함한 모든 지식에 일찌감치 질려버

렸어.

우리 이제부터 관능에 심취하여

작렬하는 정염을 소진시켜보세.

쇄도하는 시간의 격랑 속으로

사건들의 소용돌이 속으로 돌진해보세.

그곳에는 지독한 고통과 지극한 쾌락이

지극한 성공과 지독한 환멸이 난무하겠지.

사나이는 모름지기 부지런해야만

자신을 실현할 수 있다네.

여기서 우리는, 당연하게도, 중세의 명상적이고 케케묵은 상념에 몰두하는 생활을 거부하는 격렬한 반발심을 목격한다. 파우스트는 자신의 유일한 목표는 당연히 쾌락을 즐기는 것이라고 생각한다. 메피스토펠레스는 이런 파우스트의 모든 소망을 아주 기꺼이 만족시켜준다. "이것저것 따지지 마시고 그저 부지런히 즐기기만 하십쇼." 파우스트가 쾌락을 더 부지런히 즐길수록 메피스토펠레스는 파우스트를 더 빠르게 휘어잡을 것이다. 파우스트는 메피스토펠레스에게 다음과 같이 강조한다.

이것은 쾌락의 문제가 아니라는 것을

자네는 명심해야 하네.

나는 문란한 음주가무, 뼈아프도록 지독한 쾌감,

애욕에 휩싸인 증오, 후련한 구역질을 만끽하고프네.

지식을 갈망하는 충동에서 마침내 해방된

나의 가슴은 이제부터 모든 고통을 피하지 않을 것이야.

나는 모든 인간의 모든 운명을

나의 내면에서 향락하고,

가장 고귀한 것과 가장 저열한 것을 나의 정신으로 장악

하며,

인류 전체의 길흉화복을 나의 가슴에 축적하고,

나의 자아를 인류의 자아로 넓힐 텐데,

그러다가 끝내 파멸해버리겠지!

여기서 파우스트는 정녕 무슨 말을 하고플까? 이 의문의 답은
다음과 같이 요약될 수 있다. 모든 제도는 인간을 모든 시대의 상
속자로 만들면서 경험될수록 허망해지므로, 파우스트는 모든 제
도를 물리쳐버리고 아예 모든 경험부터 먼저 해보기 시작한다. 그
는 마치 우리의 현존하는 모든 산업체계와 상업체계를 무시하면
서 문명의 이기를 사용하지 않고 야생의 대초원에서 살아야 하는
인간과 흡사하다. 이런 생활은 과도한 제도주의에 반발하므로 당

연히 어리석은 짓이다.

　그러나 파우스트는 비록 어리석은 노력을 속행할망정 여전히 온당한 방도를 의식(意識)한다. 그는 인간이 인간다워지려면 인류의 끄트러기나 파편에 불과하지 않고 인류전체가 되어야 한다고 통찰한다. 파우스트의 이런 통찰은 개인주의에 가치를 부여하고 개인주의를 고스란히 보전하는 확연한 진리이다. 이것은 개인에 내재된 보편적 인간성을 인정하지 않은 소피스트들에 대항하여 소크라테스가 애써 가르치려던 진리이다. 메피스토펠레스는 물론 그런 진리를 절대로 깨닫지 못한다. 왜냐면 그는 대(大)소피스트이고 부분성의 정령이기 때문이다. 언제나 경험에 의존하는 부분성의 정령들은 경험을 넘어서지 않으면 어떤 진리도 깨닫지 못한다.

　그래서 메피스토펠레스는 자신의 장구한 경험에서 '전체는 오직 영원한 영광을 독점하는 신에게만 유익하다'고 배운다. 악마들은 어둠속에 있고 인간들은 낮과 밤의 혼화상태(混化狀態) 속에 있다. 파우스트가 대지정령(大地精靈)을 경험하면서 의기소침하지 않고 굴복하지 않았더라면 위에서 제기된 의문에 반드시 다음과 같이 가장 적절하게 답변했을 것이다. "그래도 나는 신(神)이 될 수 있으므로 신에게 필요한 경험을 해봐야 한다." 이것이 그가 정녕 하고픈 말이므로 "그래도 내가 해보겠어!" -내가 이런 보편적 경험을 해보겠어- 라는 그의 말과 사실상 동일한 것이다.

　"내가 해보겠어"라는 파우스트의 말과 상반되게 메피스토펠레스의 계책은 모든 경우에 실패한다. 더구나 메피스토펠레스는 또 다른 어리석은 시도마저 감행한다. 파우스트가 오직 세상에 자랑할 수 있는 경험만 바란다고 상상한 메피스토펠레스는 파우스트를 이상적인 인물로 묘사해줄 시인과 협조해보라고 파우스트에게 조언한다. 만약 파우스트가 그리한다면 미덕들을 실제로 획득하는 지루한 절차를 밟지 않아도 모든 미덕을 두루 겸비할뿐더러 그것들의 모든 영광마저 누릴 수 있으리라고 파우스트는 감언(甘言)한다. 메피스토펠레스가 이런 묘사능력을 갖춘 시인과 협조해보라고 파우스트에게 권유한다는 사실로 미루어 우리는 메피스토펠레스가 아직 보도기자단을 날조하지는 않았다고 알아챌 수 있다. 파우스트는 이런 권유에 아무 관심을 보이지 않으면서도 자신이 인류의 왕관을 획득해야 한다고 거듭 주장한다. 그러자 메피스토펠레스는 '파우스트가 경험을 아무리 많이 해도 신의 권능에 필적할만한 어떤 새로운 능력도 획득하지 못하리라'고 파우스트에게 강조한다. 만약 파우스트가 정녕 자신의 능력을 증강하고프면 자신의 손발처럼 활용할 수 있는 재산으로 간주되는 도구들을 획득해야 한다. 이것은 파우스트로 대표되는 세계가 여태껏 쉽게 습득하지 못한 교훈이다. 파우스트가 머뭇거리자 메피스토펠레스는 다음과 같이 외친다.

어서, 기운을 내시오! 아무 생각도 하지 마시고

세상으로 곧장 뛰어나갑시다!
내가 단언하건대, 머리만 굴리는 동료는
주변에 뜯어먹을 싱싱한 풀이 무성한데도
마귀에게 홀려 메마른 황야를
헤매는 짐승 같은 녀석이요.

그런데 메피스토펠레스의 이런 말이 괴테의 의견을 표현한다고 무분별하게 상상한 사람들도 여태껏 있었다. 왜냐면 그들은 괴테와 메피스토펠레스를 동일시했기 때문이다.

파우스트는 이제 자신의 직위와 지식노동을 포기하고 메피스토펠레스를 따라나서기로 결심한다. 바로 그때 서재 문밖에서 파우스트를 만나러온 학생의 기척이 들린다. 파우스트는 그 학생을 도저히 만나지 못하겠다고 단언하자 메피스토펠레스는 자신이 그 학생을 만나겠다고 단언한다. 메피스토펠레스는 파우스트의 모자와 상의를 빌려 착용하고 교수노릇을 아주 흥겹게 즐긴다. 그동안 파우스트는 서재를 떠날 채비를 갖춘다. 학생을 서재로 불러들이기 전에 메피스토펠레스는 짤막하게 독백하면서 파우스트를 겨냥한 자신의 계획을 솔직하게 표현한다. 메피스토펠레스는 이미 파우스트를 꾀어 이성(理性)과 학문을 경멸하도록 만들었다. 이제 메피스토펠레스가 할일은 파우스트의 정신(가이스트: Geist)을 타락시키는 일뿐이다. 여기서 파우스트의 정신이란, 메피스토펠레스의 말마따나, 운명이 파우스트에게 부여한 개성이지만, 파우스트는 그런 개성을 아직 완전히 체득하지 못했다. 메피스토펠레스를 성가시게 만드는 이런 정신은 언제나 무모한 열망을 실현하려고 조급하게 서두르며 지상의 희락들을 등한시해버린다. 이런 정신을 유순하게 길들이려는 메피스토펠레스는 파우스트를 야생적 삶으로 유인하여 흥분과 격정에 빠뜨릴 것이고, 파우스트의 저열한 본성을 타락시켜서 그때까지 열망하던 비물질적 만족보다 물질적 만족을 더 절절히 갈망하도록 파우스트를 변화시킬 것이다. 그러니까 요컨대, 메피스토펠레스는 파우스트의 불타는 정신을 진압하려고 맞불을 놓듯이 파우스트의 정념들에 불을 지를 것이다. 이런 의미에서 메피스토펠레스는 비록 영혼과 그것의 진정한 욕구들을 아예 모르지만 탁월한 심리학자라고 할 수 있다.

이윽고 학생은 파우스트로 분장한 새로운 교수를 만난다. 괴테는 이 장면을 활용하여 '메피스토펠레스를 대표하는 분열시키는 개인주의정신이 16세기와 이후시대의 대학교들에 끼친 영향'뿐 아니라 '파우스트를 파우스트답게 만든 환경요인들'마저 한꺼번에 묘사한다. 풋내기 학생은 젊은 파우스트에 불과하다.

선량하고 건강하며 자연스러운 그 학생은 아주 청년답고 다소 맹목적인 열의(熱意)와 혈기왕성한 본능들을 겸비할뿐더러 자신의 인생에서 하고픈 일을 아주 막연하게 인식한다. 그는 자신의 진로를 대략적으로나마 설계하는 데 유용한 조언을 위대한 박사 파우

오스트리아 화가 프란츠 짐의 동판화

스트에게 기대한다. 그리고 아주 자연스럽고 청년답게 몇 마디 객쩍은 소리를 지껄인 대학생은 자신이 어떤 학문을 전공하면 좋겠느냐고 가짜 파우스트에게 질문하더니 자신은 솔직히 "하늘과 땅에 있는 모든 것을 -학문과 자연을- 이해하고프다"고 확언한다. 이렇게 말하는 학생은 물론 영락없는 파우스트이다. 그런데 학생은 또 다른 욕망들을 품었다. 그는 찬란한 여름날에 소소한 자유와 오락도 즐기고프다. 이런 학생도 역시 영락없는 파우스트이다. 여기서 우리는 파우스트의 두 정신 혹은 두 영혼을 발견한다. 파우스트가 자각했듯이 그 둘은 파우스트의 가슴속에 공존하면서도 분리된 것들이다. 메피스토펠레스는 풋내기 학생의 두 정신 혹은 두 영혼을 분리하려고 최선을 다한다. 메피스토펠레스는 선한 영혼에게는 가장 엄격하고 지루한 학과를 제안하고 다른 영혼에게는 가장 매혹적이고 음탕한 전망을 제시한다.

《파우스트》의 모든 장면 중에도 바로 이 장면에서 메피스토펠레스는 가장 확연한 악마이다. 그러니까 이 장면을 제외한 다른 여느 장면에서도 그는 이토록 지독하고 간악한 장난을 치지 않는다. 학생은 처음부터 무미건조한 형식논리학을 공부해야 할 텐데, 그러면 그의 생각은 자연스러운 보폭으로 진행하지 못하고 마치 죽마를 타고 걷듯이 지나치게 너른 보폭으로 과장되게 진행할 것이다. 여기서 메피스토펠레스가 탁월한 심리학자라는 사실이 다시금 증명된다. 독일 철학자 겸 심리학자 요한 프리드리히 헤르바르트(Johann Friedrich Herbart, 1776~1841)가 메피스토펠레스를 만났다면 기뻐했을 것이다. 메피스토펠레스는 학생에게 형식논리학을 추천하면서 다음과 같은 객설을 곁들인다.

생각의 짜임새는
직공이 정교하게 짠 직물을 닮았지.
먼저 직공이 직기(織機)의 디딤판을 한 번 밟으면
수많은 날실이 아래위로 교차하고,
작은 북(방추: 紡錘)은 날실들 사이로 왕복하며
아주 가녀린 씨실을 풀어내는데
직공이 디딤판을 한 번 더 밟으면
씨실에 수많은 날실이 교차로 맞물리며 짜이지.
그때 철학자가 앞으로 나서서
생각과 직물의 그런 유사성을 증명한답시고
첫째가 그리 짜였고 둘째도 그리 짜였으면
셋째와 넷째도 그리 짜이는데,
만약 첫째와 둘째가 그리 짜이지 못했으면
셋째와 넷째는 결단코 그리 짜이지 못한다고 설명하지.
모든 곳의 학자들은 이런 설명을 칭찬해.
하지만 그들 중 누구도 뛰어난 직공이 되지 못했다네.
생물만 보면 파악하여 묘사하려는 사람은

그것의 영혼부터 먼저 뽑아내려고 덤비다가

그것의 부분들만 거머쥐고,

가련하게도! 그런 부분들을 엮는 영혼이라는 씨실만은

놓쳐버리지.

화학(化學)은 그 씨실을 자연의 손아귀(Encheirisis naturae)

로 지칭하고

스스로를 조롱하면서도 어째서 그런지는 모른다네.

　　논리학과 변증법은 더 유려하게 묘사된 생각의 실질적이고 생생한 과정들과 결코 결부되지 않았다. 어리둥절해진 학생은 급기야 "저는 선생님의 말씀을 도통 이해하지 못하겠습니다"라고 토로한다. 만약 학생이 메피스토펠레스의 말을 이해했다면, 메피스토펠레스는 아주 다른 식으로 말했을 것이다. 악마는 심지어 자신이 이해되지 않는다고 확신하면서도 진리를 설명할 수 있다. 논리학을 공부하고 나면 메타자연학을 공부해보라고 학생에게 권유하면서 메피스토펠레스는 메타자연학을 공부하면 인간의 두뇌로 파악하지 못할 것을 심오하게 파악할 수 있다고 설명한다. 그리고 메피스토펠레스는 '학생은 낱말들의 완전히 무의미한 용법을 배워야 하고 교과서를 달달달 외우는 데 전념해야 할뿐더러 강의를 들으면서도 성령의 말씀을 받아쓰듯이 열심히 필기해야 한다'고 강조한다.

학생은 메피스토펠레스의 이 모든 설명에 똑같이 감동하면서도 여전히 자신에게 적합한 전공학문을 선정해달라고 교수(메피스토펠레스)를 재촉한다. 그러자 메피스토펠레스는 법학을 제외한 4학문을 하나씩 되짚으면서 각 학문을 감탄스럽도록 정확하게 해설한다. 이런 해설이야말로 메피스토펠레스의 언변에 완전히 미혹된 학생에게는 단연코 가장 확실하게 먹혀드는 수법이 분명하다. 신학에 관한 해설은 특히 냉소적이고 타당하다. 메피스토펠레스는 의학에 관해서는 훨씬 더 냉소적으로 해설한다. 하지만 그는 젊은이의 가장 저열하고 가장 육감적인 모든 것을 강력하게 매료하는 식으로 의사의 소명을 해설하는 바람에 자신의 본색을 드러내고 만다. 학생은 다음과 같이 응답한다. "그게 더 근사하군요! 제가 어디에서 어떻게 시작해야 할지 이제 알겠습니다……. 정말이지, 지금 모든 것이 꿈같습니다." 학생은 이제 타락의 길을 걷기 시작한다. 서재를 나가기 전에 학생은 자신의 서첩을 내밀면서 명언한 마디를 적어달라고 메피스토펠레스에게 부탁한다. 메피스토펠레스는 서첩에 "너희는 선악(善惡)을 분간하는 신처럼 되리라(Eritis sicut Deus, scientes bonum et malum)"는 악마의 오래되고 아주 강력한 주문을 일필(一筆)한다. 서첩을 돌려받은 학생이 떠나자 메피스토펠레스는 다음과 같이 혼잣말한다.

너는 오직 옛말과 나의 사촌형제인 뱀(蛇)만 뒤따르라.

그러면 네가 신을 닮아가는 너 자신을 두려워할 날이 기
필코 오리니.

메피스토펠레스의 주문은 당연히 메피스토펠레스 자신의 행
동원칙을 표현한다. 인간은 근본적으로 악한 분열과 모순을 진전
시키고 더 높은 차원으로 재통합하면서 차츰 신을 닮아간다. 이것
이 바로 진화과정을 주동하는 원리이다. 메피스토펠레스는 악의를
품고 선하게 행동한다.[48]

이제 파우스트가 메피스토펠레스를 따라 세상으로 나갈 준비
를 갖춘 파우스트가 다시 등장한다. 파우스트에게 세상은 처음에
는 미미했지만 이제는 거대하다. 미미한 세상은 물론 개인적 관심
사들의 세상이다. 거대한 세상은 인류의 관심사들을 겸유(兼有)한
다. 미미한 세상은 《파우스트》 제1부에 잔존하는 유물들로 암시
되고, 거대한 세상은 제2부에서 전개된다.

우리가 지금까지 고찰한 것들만 놓고 말하자면, 파우스트의 지
성은 차츰 분열되었고, 파우스트는 결국 모든 학문을 내팽개치면
서 '우리는 아무것도 알지 못한다'고 결론지었다. 또한 그의 고상한
감정은 모든 고상한 정신의 감정들과 그들을 만족시킨 모든 제도
를 저주했다. 그렇지만 고상한 감정들을 배태한 두 가지 원초적 본

---

48) 【이 문장은 "메피스토펠레스는 악의(惡意)로써 선행(善行)한다"라고 번역될 수 있다.】

능은 아직 타락하지 않았다. 이 본능들이 고스란히 잔존하는 한에서 파우스트가 끝내 회복될 가능성도 잔존한다. 그래서 이제 메피스토펠레스의 중대한 목표는 이 본능들마저 타락시키는 것이다. 만약 그가 이 목표를 달성하여 파우스트를 이 본능들에도 만족하도록 변화시킬 수 있다면, 그는 (하느님을 상대한) 내기에서 이기고 파우스트를 독차지할 것이다.

이 두 원초적 본능은 '식욕이나 영양섭취 본능'과 '색욕(色慾: 성애욕: 性愛慾)이나 번식본능'이다. 특히 성애욕은 이제껏 식욕의 후속본능이라고 인식되었다. 하여튼 진화론자들이 주장하듯이, 식욕은 우리의 모든 육체적 혹은 이기적 성질의 원초적 형식이고, 성애욕은 우리의 모든 이타적 소실의 원초적 형식이다. 이 두 본능은 모두 건강한 생존에 똑같이 필요하다. 그러므로 만약 두 본능 중 어느 하나라도 타락하면 건강한 생존은 불가능해진다. 이 두 본능 중 어느 하나 또는 모두가 타락하면 온갖 악덕을 유발하고, 그런 모든 악덕이 결국에는 우리의 개인적이고 사회적인 모든 문제를 유발한다. 그래서 메피스토펠레스는 식욕부터 먼저 타락시킨 다음에 성애욕을 타락시키는 계략을 실행한다.

메피스토펠레스는 파우스트의 식욕을 타락시키려고 아우어바흐의 지하주점으로 데려간다. 그곳에는 이미 술에 잔뜩 취한 학생들이 시끌벅적하게 야단법석을 떨어댄다. 그들을 보면서 자신의 학창시절을 상기하던 파우스트는 그곳에서 매력적인 뭔가에 홀딱

사로잡힌다. 괴테는 그런 선술집의 광경을 생생하게 묘사한다. 그런 묘사는 영양섭취본능이 타락하면 게걸스러운 식욕과 색욕으로 증폭된다는 사실을 예증한다(학생들이 합창하는 노랫말 참조). 메피스토펠레스는 파우스트를 데리고 학생들의 취중잡담에 끼어들면서 학생들에게 그들이 마시는 것보다 더 좋은 포도주를 사겠다고 제안한다.

이어서 전개되는 장면은 겉보기로는 악마의 단순한 장난처럼 보이지만 실제로는 최면용 암시의 결과이다. 인상불성으로 만취하여 해롱거리는 이 학생들은 메피스토펠레스의 최면술에 속절없이 걸려든다. 얼마 지나지 않아 학생들은 저마다 메피스토펠레스가 탁자에서 뽑아내어 선택해준 포도주를 마신다고 믿어버린다. 메피스토펠레스의 또 다른 암시에 걸린 한 학생은 자신이 부주의하게 바닥에 흘린 포도주가 활활 불탄다고 외쳐서 술꾼들을 격분시킨다. 그들은 메피스토펠레스를 공격하기 시작하지만, 메피스토펠레스가 그들에게 또 다른 암시를 걸어버린다. 이제 술꾼들은 자신들이 아름다운 시골에 조성된, 손만 뻗으면 가장 매혹적인 포도열매를 따먹을 수 있는, 포도 과수원에 와 있다고 착각한다. 그들은 저마다 먹음직스러운 포도송이를 따려고 비틀기 시작한다. 하지만 바로 그 순간에 암시의 마력은 사라지고, 술꾼들은 저마다 가깝게 있는 술꾼의 코를 틀어쥔 채로 서 있는 자신을 발견한다. 그때서야, 오직 그때서야, 술꾼들은 뭔가에 홀렸다고 자각한다. 그런 상황에서 파우스트가 그토록 사납게 돌변한 짐승들한테 붙잡힐 위험을 전혀 무릅쓰지 않아도 별로 이상하게 보이지 않는다.

메피스토펠레스의 첫 번째 책동은 명백히 실패했고, 메피스토펠레스 자신도 실패했다고 분명히 인식했다. 하지만 그는 그렇게 실패하면서 오히려 파우스트의 미묘한 어떤 특성을 포착할 수 있었다. 메피스토펠레스는 다음번에는 더 정교한 책동을 감행할 것이고, 더 차분하고 더 점잖은 방식으로 꾸준히 실행할 것이다. 폭풍우는 몰아치지 않을 것이고, 하늘은 맑아졌다. 이제 교묘한 솜씨가 필요하다. 메피스토펠레스의 제2목표는 파우스트의 성애본능을 타락시키는 것이다. 그러나 이것은 결코 쉽게 달성될 수 없다. 파우스트는 순정을 고수하는 남자일뿐더러 혈기왕성한 청년기를 지나 어느덧 마흔 살을 바라본다. 그래서 메피스토펠레스는 파우스트의 정념들을 먼저 확실히 자극해야 한다. 물론 파우스트의 선량한 본성이 겁먹어 잔뜩 움츠러들면 안 되므로, 메피스토펠레스는 고상한 방식으로 파우스트의 정념들을 자극해야 한다. 정념들은 그렇게 자극되어 짜릿하게 의식(意識)되는 순간부터 타락하면서 불타오를 수 있고, 그런 정념들의 충족이야말로 지상목표라고 착각될 수 있다. 그리하여 파우스트는 마녀의 부엌으로 유인된다. 그곳에서 파우스트는 자신을 유혹하는 거울 속 여인의 사랑스러운 미모에 홀리고, 음약(淫藥) 혹은 춘약(春藥)을 마시는 바람에 들끓는 변태적 욕정에 휩싸인다.

《파우스트》 제1부의 제6막에 해당하는 〈마녀의 부엌〉은 확실히 아주 복잡한 알레고리(우화)로 묘사되는데, 괴테는 이런 묘사법을 평생 애용했다(예컨대,《이야기》[49]에서도 이 묘사법이 사용되었다). 무척 흥미롭게도 괴테는 마흔 살을 바라보던 1788년에 이탈리아 로마의 보르게세 대저택(Villa Borghese)에서 〈마녀의 부엌〉을 집필했다. 이런 알레고리의 세부요소들은 언제나 쉽사리 해명되지 않지만, 그것들의 윤곽과 요점은 충분히 해명될 수 있다.

마녀의 부엌은 남자의 육정(肉情)을 타락시키는 악덕의 자연발생지이고 온갖 퇴폐적 악영향을 발휘하는 유곽이다. 그곳에서 자생하는 그런 악영향들은 문학, 예술, 요술, 노름 따위의 형태를 띤다. 부엌에 걸린 솥은 무질서하게 펄펄 끓어오르는 추잡한 욕정들의 총체이다. 마녀는 그냥 타락한 여인이다. 거울 속의 여인은 타락한 예술이다. 음약은 병균이다. 메피스토펠레스는 이 음약을 직접 조제하지는 못해도 조제하는 비법을 가르칠 수 있다. 물론 이 음약을 복용한 자들과 장기간 교제하고 그들의 영향을 받으면서 생활하는 남자는 이 음약을 흡수하지 못한다. 나는 〈마녀의 부엌〉에 사용된 모든 상징을 일일이 해석할 수 있다고 믿는다. 그래서 그것들이 해석될 만한 가치를 지녔다면 내가 해석할 수 있었으리라고 나는 생각한다. 그러나 적어도 이 시점에서는 해석될 만한 가치를

---

49)【《Das Märchen》: 괴테가 1795년에 발표한 이 동화는 영어권에서는 《초록뱀과 아름다운 백합 (The Green Snake and the Beautiful Lily)》이라는 제목으로 유명하다.】

지닌 것은 없다. 파우스트는 그런 화류계(demimonde)에 속하는 마녀의 부엌을 방문했기 때문에 오히려 가장 이상적인 여인 헬레나(Helena)를 만날 준비를 갖춘 셈이다.

메피스토펠레스의 목표는 물론 화류계 여자를 탐하는 저속한 색욕에 파우스트를 푹 빠뜨려버리는 것이다. 그러나 화류계를 몹시 혐오하는 파우스트는 소박하고 상냥하며 순정을 간직하는 아주 고상한 처녀를 사랑하는 연정(戀情)에 빠져든다. 요컨대, 파우스트는 색욕에 빠져들지 않고 오히려 연정에 빠져든다. 언제나 그랬듯이 이번에도 이상적인 요소가 파우스트의 내면을 지배하면서 가련한 메피스토펠레스를 당황하게 만든다.

괴테는 그의 작품들 중 많은 대목에서처럼 여기에서도 두 가지 사실을 증명하려고 최선을 다한다. 첫째, 한 남자의 단순한 색욕은 그에게 깃든 악마의 수작이요 단순한 마력의 소치이다. 둘째, 독일어로는 슈배르메리쉐 리베(schwärmerische Liebe; 열애; 熱愛)라고 지칭되는 낭만적 정념은 현대 소설문학의 주제를 형성하지만, 괴테는 그런 정념을 별로 높게 평가하지 않는다. 그는 소설 《선택친화력(選擇親和力)》[50]에서 이런 낭만적 열애의 진정한 본성을 해명하려고 노력한다. 특히 이 소설의 제목은 도덕적 관계보다는 화학적 관계를 암시하려는 의도로 채택된 것이 확실하다.

---

50) 【《Die Wahlverwandtschaften》: 괴테가 1809년 발표한 이 소설은 한국에서는 《친화력(親和力)》이라는 제목으로 소개되었다.】

파우스트의 정념도 처음에는 낭만적인 것인데, 괴테는 이것을 탁월하게 묘사한다. 만약 내가 《파우스트》를 단순히 문학적으로 해석하면서 '정념의 모든 발달단계를 다루는 괴테의 방식'과 '빼어난 예술형식들로 정념을 표현하는 괴테의 기법'을 해명하고자 한다면 《파우스트》의 다른 여느 부분보다도 그레트헨에 얽힌 일화를 더 길게 고찰해야 할 것이다. 왜냐면 순전히 문학적인 관점에서는 그 일화를 묘사한 기법은 지극히 탁월하게 보여서 그것을 능가할 만한 기법은 고금의 여느 문학작품에서도 발견될 수 없을 것이기 때문이다. 그레트헨 일화에서 진실로 관심을 모으는 인물은 파우스트가 아니라 마르가레테(그레트헨)이다. 파우스트가 중세의 가장 고결한 남성지식인을 상징하듯이 그레트헨은 가장 고결한 여성을 상징한다. 그래서 그런지 이 일화에서는 그레트헨을 파멸시키는 데 성공하는 분열책동의 다양한 방법들이 발견된다. 파우스트는 이 일화에서 그레트헨을 파멸시키려는 메피스토펠레스에게 이용당하는 수단이다.

나는 그레트헨을 차후에 따로 다룰 예정이므로 여기에서는 파우스트의 지난 행보와 그를 변화시킨 분열의 결과만 종합적으로 되짚어보겠다. 파우스트는 모든 지식과 학문을 내버렸고, 모든 인간적이고 사회적인 감정들, 선익(善益)들, 제도들을 내버렸으며, (결코 단순한 쾌락을 뜻하는 것으로 이해되지 말아야 하는) 개인적 만족을 제외한 모든 목표마저 내버렸다. 어쩌면 파우스트가 이 모든 것을 내버렸으므로 확실히 분해될 만했다고 추정할 사람도 있을 수 있다. 하지만 그리되지 않았다! 그의 가슴속에 새로운 세계를 건설할 통합원리는 여전히 존속한다. 그는 자신에게 표면적이고 형식적 허울을 강요하는 모든 학문, 모든 인간관계, 모든 제도, 모든 보편적 인간의 관심을 포기했다. 하지만 그는 자신의 내면에 인류의 모든 경험을 축적하려고 전심전력한다. 그는 애초에 충동적으로 개시한 이런 노력을 거의 이해하지 못하겠지만, 이런 노력은 보편적 존재가 되려고 염원하는 그가 생각할 수 있는 가장 완벽한 열망의 발로이다. 왜냐면 그는 오직 보편적 존재만이 언제나 인류를 구원할 수 있다고 생각하기 때문이다. 물론 파우스트는 확실히 개인주의를 추구하고, 자유는 개인주의에 부응한다. 하지만 그것은 인격을 가진 개인들 각자를 보편적 인간으로 간주하는 개인주의이다. 그래서 파우스트의 노력은 비록 막연하게 표현되어 우리에게는 거의 파악될 수 없지만 우리의 현대세계에는 나름대로 겸비한 모든 동력과 의미를 부여하는 것이다. 이것이 바로 우리가 너무나 많이 오용하는 자유의 의미이다. 더구나 이것은 대형 종교들이 목표로 삼는 속죄나 구제의 진정한 의미이다. 인간은 추상적 인류로서 보편화되기보다는 오직 개인으로서 보편화되어야만 자유로워질 수 있다. 그리고 오직 그래야만 "그대들이여 완벽해져라, 심지어 하늘에 계시는 그대들의 아버지만큼 완벽해져라"(《마태오 복음서》 제5장 제48절)는 명령도 이행될 수 있다. 이것은 우리의 모든 아나

키즘과 모든 사회주의와 여타 모든 "주의적(主義的; ismatic)" 노력을 반대하는 원리이다. 왜냐면 그런 모든 노력은 언제까지나 개인을 시민으로 환원하고 전체를 부분으로 환원하면서 허무의 구렁텅이로 끊임없이 곤두박질할 것이기 때문이다. 고대 그리스 신(新)플라톤주의 학자 히에로클레스 알렉산드레우스(Hierocles Alexandreus, 430년대에 주로 활동)는 "인간들 각자는 모름지기 먼저 개인이 되어야 하고 그런 다음에는 신이 되어야 한다"고 말했다. 그래서 신은 질투하지 않는다.

제4부

《고에티아》《레메게톤》,
혹은《솔로몬의 작은 열쇠》)의 72악마

제1장

소환술사, 주술동심원, 주술감각형, 봉인

《고에티아》에서는 고대 이스라엘왕국을 다스린 왕 솔로몬(Solo-mon, 서기전970~931)이 72악마와 그들의 악마군단들을 황동궤짝[1]에 구금하여 바빌로니아(Babyloina)의 어느 깊은 호수바닥에나 무저갱으로 추방했다고 기록된다. 호수바닥이나 무저갱은 지옥이었을 것이라고 짐작될 수 있다. 그런데 솔로몬이 악마들을 추방한 까닭은 오직 악마들의 "교만"이었다고만 기록된다.

그리고 솔로몬은 72악마를 소환하여 부릴 수 있는 주술과 주문들을 기록하여 남겼는데, 그런 주술에 사용되는 것들이 주술동심원, 주술삼각형, 악마들 각각을 상징하는 봉인(상징문양)들이다.

---

1) 【Vessel of Brass: 놋그릇이나 놋쇠상자나 황동선(黃銅船)이라고 번역될 수 있는 이 표현은, 마치 알라딘의 요술램프처럼, 악마들을 가둘 수 있는 주술적(마법적) 상자나 배(船)라고 추정된다.】

악마를 소환할 수 있는 이런 주술에 능통한 주술사는 제2장에서 소환술사(召喚術士)라고 통칭된다. 주술동심원과 주술삼각형을 그리고 주술동심원의 중앙에서 소환의례를 집행하는 소환술사는 지목한 악마를 소환할 수 있지만, 소환된 악마의 해코지나 맹독성 기운을 예방할 수 있도록 반드시 라멘(Lamen)을 착용해야 한다. 라멘은 소환술사의 목에 걸어서 가슴을 방비할 수 있도록 제작된 펜던트처럼 생긴 부적의 일종이고, 부적에는 봉인이 찍히거나 인쇄되거나 부착되어야 한다.

악마들 각각의 특징을 묘사한 그림들은 봉인들과 인장과 함께 짝지어 제2장에서 도판들로써 예시될 것이다. 그러나 기록으로 남아 있는 것은 72악마 중에 36악마의 그림밖에 없다. 그것들 중에 35악마의 그림들은 모두 프랑스 화가 루이 르 브르통(Louis Le Breton, 1818~1866)의 1863년 작품들이며, 제68악마의 그림은 이탈리아 기독교 법학자, 가톨릭주교가 저술하고 독일 출판업자 요한 쇤슈페르거(Johann Schönsperger, 1455~1521)가 1487년에 펴낸 독일어판 《독일의 벨리알(Der Teutsch Belial)》에 수록된 삽화이다.[2]

72악마는 모두 봉인을 배정받고, 그들의 대다수는 봉인을 하나씩 배정받지만, 몇몇 악마는 둘을 배정받기도 했는데, 소환술사는 두 봉인 중 어느 하나를 사용할 수 있다.

---

2) 【이 책에 수록된 도판은 모두 A.I를 이용해서 새롭게 그린 것들이다.】

72악마는 지옥의 사대구역을 통치하는 4대마왕의 지휘를 받는 마왕(King)들, 영주(Prince: 제후)들, 대총관(President)들, 공작(Duke)들, 후작(Marquis)들, 백작(Cound: Earl)들이다. 4대마왕 중에 동부마왕 아마위몬(Amaymon)은 아마이몬(Amaimon), 오리엔스(Oriens), 우리엔스(Uriens), 사마엘(Samael)이라고 별칭되고, 서부마왕 고르손(Corson)은 파위몬(Paymon), 파위모니아(Paymonia), 아자젤(Azazel)이라고 별칭되며, 남부마왕 고압(Göop)은 마하자엘(Mahazael)이라고 별칭되고, 북부마왕 짐마위(Zimmay)는 지미니아르(Ziminiar), 아리톤(Ariton), 에귄(Egyn), 아자엘(Azäel)이라고 별칭된다.

이 모든 악마의 제왕은 루키페르(루시퍼)이다. 루키페르가 원래 천사였다가 타락하여 지옥으로 추방되었듯이, 72악마 중에도 원래 천사였다가 타락하여 지옥으로 추방된 악마가 적잖다. 그들의 이런 이력은 제2장에서 간간이 언급된다.

다음에 예시된 주술동심원의 위쪽이 동쪽이고 아래쪽이 서쪽이다. 주술삼각형은 주술동심원의 동쪽에 위치한다.

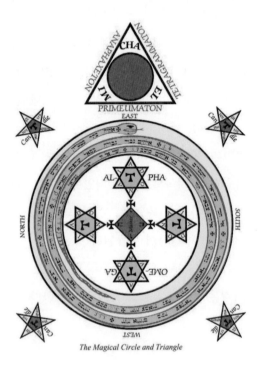

The Magical Circle and Triangle

제2장

72악마의 공개된 명단

바엘(Bael)

지옥의 동부지역을 다스리는 마왕(魔王: King) 바엘은 자신을 보이지 않게 만들 수 있다. 지옥에서 66여개 악마군단을 지휘하는 그는 고양이나 두꺼비 같은 동물들로 변신할 수 있고 인간 남자로 변신할 수도 있을뿐더러 그런 동물들과 인간 남자로 동시에 변신할 수도 있다. 그는 쉰 목소리로 시끄럽게 말한다.

아가레스(Agares)

아가레스는 공작(公爵; Duke)이라고 존칭되며 아그레아스(Agreas)라고 별칭된다. 지옥의 동부세력(東部勢力; the Power of the East)에 소속한 아가레스는 악어(鰐魚)를 타고 손등에는 매(鷹)를 앉힌 점잖게 늙은 미남자의 모습으로 나타난다. 악어와 매를 뜻대로 부릴 수 있는 그는 소환술사에게 모든 언어나 방언들을 유창하게 가르칠 수 있다. 아가레스는 신들의 영능과 권능을 파괴할 수 있고 지진을 일으킬 수도 있다. 타락하기 전에 역품천사(제5급 천사)였던 아가레스는 지옥에서 31개 악마군단을 지휘한다.

• 제 3 악마 •

바사고(Vassago)

바사고는 아가레스와 함께 동부세력에 소속하는 대영주(大領主; Mighty Prince)이다. 선량한 성정을 타고난 이 악마의 소임은 과거사(過去事)와 미래사(未來事)를 밝히고, 모든 비사(秘史)나 망각된 것들을 발견하는 것이다. 그는 지옥에서 26개 악마군단을 지휘한다.

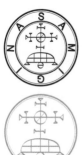

· 제 4 악마 ·

사미기나(Samigina)

가미긴(Gamigin)이라고 별칭되는 대후작(大侯爵; Great Marquis) 사미기나는 소환되면 조랑말이나 당나귀의 모습으로 나타나지만, 소환술사의 요청을 받으면, 인간의 모습으로 변신할 수 있다. 사미기나는 말목소리(馬聲)를 내면서 말한다. 지옥에서 그는 30여개 악마군단을 지휘한다. 그는 소환술사에게 모든 교양학문을 가르치고 망혼들의 생시죄상(生時罪狀)을 알려준다.

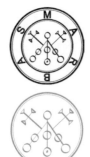

마르바스(Marbas)

대총관(大總管; Great President) 마르바스는 소환되면 거대한 사자(獅子)의 모습으로 나타나지만, 소환술사의 요청를 받으면, 인간의 모습으로 변할 수 있다. 마르바스는 은닉된 것들이나 비밀들을 캐묻는 소환술사의 질문에 정직하게 답변한다. 질병들을 유발하고 치료하는 마르바스는 기예(技藝)들과 관련된 중대한 지혜와 지식을 전수하고, 인간들을 다른 모습들로 변신시킬 수 있다. 지옥에서 마르바스는 36개 악마군단을 지휘한다.

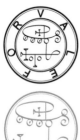

발레포르(Valefor)

강대한 공작(公爵; Duke) 발레포르는 큰소리로 포효하는 당나귀대가리를 가진 사자(獅子)의 모습으로 나타난다. 그는 친절하지만, 그의 친절에 매료된 인간들의 도둑질을 부추긴다. 발레포르는 지옥에서 10개 악마군단을 지휘한다. 그는 자신의 봉인을 착용한 소환술사에게는 친절하겠지만 미착용자에게는 불친절할 것이다.

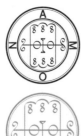

• 제 7 악마 •

아몬(Amon)

후작(侯爵: Marquis) 아몬은 아주 강대하고 가장 준엄하다. 소환된 그는 뱀꼬리를 달고 주둥이로 화염을 분사하는 늑대의 모습으로 나타나지만, 소환술사의 명령을 받으면, 올빼미대가리와 개이빨(犬齒)을 겸비하거나 (단순히) 까마귀대가리만 가진 인간남자로 변신할 수 있다. 아몬은 모든 과거사와 미래사를 설명할 수 있다. 그는 친구들의 불화와 싸움을 유발하고 언쟁을 무마한다. 그는 지옥의 40개 악마군단을 지휘한다.

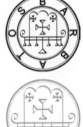

바르바토스(Barbatos)

태양이 궁수자리[3]에 위치하면, 대공작(大公爵) 바르바토스가 소환될 수 있는데, 고위급 대마왕 넷과 그들을 따르는 대군(大軍)들도 함께 소환된다. 바르바토스는 새들의 노래를 알아들을뿐더러 개 짖는 소리나 다른 동물들의 소리도 알아듣는다. 주술사들의 주문대로 은닉된 보물들을 찾아낼 수 있는 그는 한때 역품천사(제5급 악마)로서 발휘한 능력을 다소나마 유지한다. 그래서 그는 모든 과거사와 미래사를 알고, 친구들과 권력자들을 화해시킨다. 지옥에서 그는 30여개 악마군단을 지휘한다.

---

3) 【궁수(弓手)자리(Sagittarius): 인마궁(the Archer).】

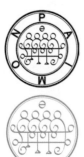

파이몬(Paimon)

최고악마 루키페르에게는 아주 고분고분한 대마왕 파이몬은 소환되면 가장 영예로운 왕관을 쓰고 단봉낙타의 등에 올라탄 인간 남자의 모습으로 나타난다. 파이몬의 앞잡이악마들은 저마다 나팔이나 심벌즈나 여타 악기(樂器)를 연주하는 인간 남자들의 모습으로 나타난다. 파이몬의 목소리는 워낙 시끄러워서, 그를 소환한 주술사는 그를 제압하지 못하면 그의 말을 전혀 알아들을 수 없다. 파이몬은 모든 예술과 학문과 다른 비밀들마저 (소환술사에게) 가르칠 수 있다. 그는 땅이 무엇인지, 바다 속의 무엇이 땅을 떠받치는지, 정신이 무엇이고 어디에 있는지 알려줄 수 있을뿐더러, 다른 무엇이라도 궁금하게 여기는 누구에게나 찾아서 알려줄 수 있다. 파이몬은 명예를 부여하고 보장한다. 소환술사가 바라기만 하면, 파이몬은 어느 인간이나 소환술사에게 속박시키든 예속시킬 수 있다. 파이몬은 소환술사에게 유익한 친구들을 데려다줄 수 있고 모든 예술을 가르칠 수 있다. 지옥의 서부지역에서 군림하는 파이몬은 한때 주품천사(제4급 천사)였고, 지옥에서는 200개 악마군단을 지휘하는데, 그런 군단들에는 천사(제9급 천사)였던 악마들과 능품천사(제6급 천사)였던 악마들도 소속한다. 오직 파이몬만 따로 소환하려는 주술사는 파이몬에게 일정한 제물을 바쳐야 한다. 파이몬이 소환되어 나타나면, 라발(Labal)과 아발림(Abalim)이라는 두 마왕, 파이몬 군단에 소속한 능품천사 출신 악마들, 25개 악마군단도 함께 나타난다. 파이몬의 군단들에 소속한 악마들 중에 소환술사의 명령에 불복하는 악마들은 언제나 함께 소환되지는 않는다.

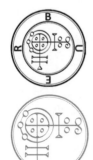

부에르(Buer)

태양이 궁수자리에 위치하면 소환될 수 있는 대총관 부에르는 궁수자리에서 모습을 드러내는데, 도덕철학과 자연철학, 논리학을 소환술사에게 가르칠뿐더러 모든 약초와 식물의 효능마저 가르친다. 인간의 모든 병을 치료하고 선량한 친구들을 제공하는 부에르는 지옥에서 50개 악마군단을 지휘한다.

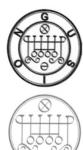

구시온(Gusion)

강대한 공작(公爵) 구시온은 소환되면 크세노필로스[4]를 닮은 모습으로 나타난다. 그는 과거, 현재, 미래의 모든 것을 (소환술사에게) 알려주고, 소환술사의 처지에서 제기될 수 있는 모든 문제의 의미와 해법을 알려준다. 구시온은 소환술사의 우애관계를 돈독히 해주고 소환술사에게 명예와 위엄을 부여한다. 지옥에서 구시온은 40개 악마군단을 지휘한다.

---

4) 【Xenophilos(Xenophilus, 서기전4세기 초반): 고대 그리스 피타고라스학파의 철학자 겸 음악가.】

• 제 12 악마 •

시트리(Sitri)

대영주 시트리는 소환되면 표범대가리와 그리핀[5]날개를 겸비한 모습으로 나타나지만, 소환술사의 명령을 받으면, 아주 매력적인 인간 미남이나 인간 미녀로 변신한다. 시트리는 인간 남녀끼리 열애시키고, 그렇게 열애하는 남녀들을 알몸으로 만들어버린다. 지옥에서 구시온은 60개 악마군단을 지휘한다.

---

5) 【Griffin: 그리스 신화에서 은닉된 보물을 지키는 괴수(怪獸)로서 사자(獅子) 몸과 독수리의 머리와 날개를 겸비한다.】

・제 13 악마・

벨레트(Beleth)

빌레트(Bileth)나 빌렛(Bilet)이라고 별칭되는 벨레트는 강대하고 흉포한 마왕이다. 소환된 그는 백마를 타고 나타나며, 그의 앞잡이악마들은 저마다 나팔이나 각종 악기를 연주한다. 그의 첫 모습은 흉포하다. 소환술사가 벨레트의 흉포한 기세를 제압하려면 한 손으로 거머쥔 개암나무지팡이를 주술동심원의 남쪽과 서쪽으로 내뻗어 주술동심원 바깥에 삼각형을 그려놓고 벨레트에게 악마들의 서약과 규칙을 상기시키며 삼각형 안으로 들어가라고 명령해야 한다. 그래도 벨레트가 명령을 이행하지 않으면, 소환술사는 벨레트의 서약과 압마주문(壓魔呪文)을 복창하면서 벨레트를 윽박질러야 한다. 그러면 벨레트는 순순히 삼각형 안으로 들어가서 소환술사의 명령을 이행할 것이다. 더구나 벨레트는 대마왕의 체통을 지키느라 소환술사를 정중하게 대하면서, 지옥의 다른 마왕들과 영주들처럼, 소환술사에게 경의를 표할 것이다. 소환술사는 벨레트 앞에서는 항상 가운뎃손가락에 은반지를 착용하거나 왼손으로 얼굴을 가려야 하는데, 동부마왕 아마위몬(Amaymon) 앞에서도 그리해야 한다. 벨레트는 소환술사의 욕구를 충족시킬 때까지 남녀 사이에 가능한 모든 사랑을 조장할 수 있다. 타락하기 전에 능품천사(제6급 천사)였던 벨레트는 지옥에서 85개 악마군단을 지휘한다.

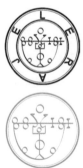

레라제(Leraje)

레라이카(Leraikha)나 레라이에(Leraie)라고 별칭되는 강력한 대후작 레라제는 소환되면 활과 화살통(箭筒)을 겸비하고 녹색피부를 가진 인마궁수(人馬弓手)를 닮은 모습으로 나타난다. 그는 모든 대규모 전투와 분란을 유발하고, 인마궁수들의 화살에 맞은 인체부위를 곪게 만든다. 궁수자리에 소속한 레라제는 지옥에서 30개 악마군단을 지휘한다.

엘리고스(Eligos)

대공작 엘리고스는 소환되면 기병창(騎兵槍)과 깃발을 겸비하고 뱀을 거느린 위풍당당한 기사(騎士)의 모습으로 나타난다. 그는 은닉된 것들을 찾아서 소환술사에게 알려주고, 전쟁을 유발하며, 군인들의 교전일시와 교전방법을 알려준다. 영주들과 귀족들의 사랑을 조장하는 엘리고스는 지옥에서 60개 악마군단을 지휘한다.

· 제 16 악마 ·

제파르(Zepar)

대공작 제파르는 소환되면 붉은 군복에 갑주(甲冑)를 착용한 군인의 모
습으로 나타난다. 그의 소임은 남자를 사랑하는 애욕을 여자에게 불어넣고,
남녀를 서로 열애시키는 것이다. 또한 제파르는 애인들을 이별시키거나 불임
시키기도 한다. 지옥에서 제파르는 26개 악마군단을 지휘한다.

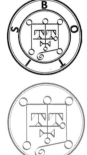

• 제 17 악마 •

보티스(Botis)

대총관 겸 백작(Earl) 보티스는 소환되면 흉측한 독사의 모습으로 나타지만, 소환술사의 명령을 받으면, 커다란 이빨들과 뿔 두 개를 겸비하고 빛나는 날카로운 검(劍)을 손에 거머쥔 인간의 모습으로 변신한다. 보티스는 모든 과거사와 미래사를 소환술사에게 알려주고, 친구들과 적들을 화해시킨다. 지옥에서 보티스는 60여개 악마군단을 지휘한다.

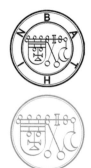

• 제 18 악마 •
바틴(Bathin)

막강한 공작(公爵) 바틴은 소환되면 흰 것[백마? 흰 당나귀?]에 올라타서 뱀꼬리(蛇尾)를 가진 강대한 인간 남자의 모습으로 나타난다. 그는 약초들의 효능과 보석들의 기능을 알고, 이 나라에서 저 나라로 인간을 순식간에 이 동시킬 수 있다. 지옥에서 바틴은 30여개 악마군단을 지휘한다.

• 제 19 악마 •

살로스(Sallos)

　살레오스(Saleos)라고 별칭되는 막강한 공작(公爵) 살로스는 소환되면 공작관(公爵冠)을 쓰고 악어의 등에 올라탄 위풍당당한 군인의 모습으로, 그러나 평화롭게, 나타난다. 인간 남녀를 서로 열애시키는 그는 지옥에서 30개 악마군단을 지휘한다.

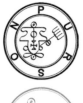

・제 20 악마・
푸르손(Purson)

대마왕 푸르손은 잔인한 독사를 거머쥐고 곰의 등에 올라탄 사자(獅子)의 얼굴을 가진 남자의 모습으로 나타난다. 나팔을 풀어대는 악마들을 앞세우고 나타나는 푸르손은 모든 비밀을 알고, 은닉된 보물을 찾을 수 있으며 과거, 현재, 미래의 모든 것을 소환술사에게 알려줄 수 있다. 푸르손은 인체(人體)를 가질 수도 있고 공기처럼 투명해질 수도 있으며, 지구의 모든 비밀과 모든 신비현상뿐 아니라 창세(創世)와 관련된 질문에도 솔직히 대답한다. 소환술사에게 유익한 친구들을 데려다줄 수 있는 푸르손은 지옥에서 22개 악마군단을 지휘하는데, 이 군단들에는 역품천사(제5급 천사) 출신 악마들과 좌품천사(제3급 천사) 출신 악마들도 소속되어 있다.

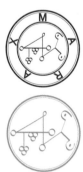

마락스(Marax)

대백작(大伯爵) 겸 총관 마락스는 소환되면 남자의 얼굴을 가진 거대한 황소를 닮은 모습으로 나타난다. 그의 소임은 천문학과 모든 교양학문을 인간들에게 충분히 숙지시키는 것이다. 유익한 친구들을 데려다주는 그는 지혜롭고 약초와 보석의 효능도 잘 알고 있다. 지옥에서 그는 30개 악마군단을 지휘한다.

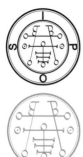

이포스(Ipos)

백작 겸 대영주 이포스는 소환되면 사자의 상체와 갈기, 거위의 대가리와 두 발, 산토끼의 꼬리를 겸비한 천사의 모습으로 나타난다. 그는 과거, 현재, 미래의 모든 것을 안다. 그는 인간들을 재기발랄하고 대담하게 만든다. 지옥에서 그는 36개 악마군단을 지휘한다.

아임(Aim)

　강대한 공작(公爵) 아임은 잘생겼지만 머리를 세 개나 겸비한 인간 미남의 모습으로 나타나는데, 그의 첫째머리는 뱀대가리, 둘째머리는 이마에 별(星) 두 개를 붙인 인간 남자의 머리, 셋째머리는 송아지대가리를 닮았다. 아임은 독사에 올라타서 횃불을 들고 다니며 도시들, 성채들, 궁전들에 불을 질러댄다. 그는 소환술사를 모든 방면에서 슬기롭게 만들고 소환술사의 사사로운 질문들에 솔직히 대답한다. 지옥에서 아임은 26개 악마군단을 지휘한다.

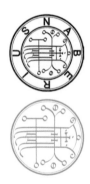

• 제 24 악마 •

나베리우스(Naberius)

　　가장 용맹한 후작 나베리우스는 소환되면 주술동심원의 언저리에서 날개를 퍼덕거리는 흑두루미의 모습으로 나타난다. 그는 말목소리를 내면서 말한다. 그는 인간들에게 모든 예술과 학문을 숙련시킬뿐더러 특히 수사법(修辭法)을 더 능란하게 숙련시킨다. 또한 그는 인간들의 실추된 위엄과 명예를 회복시킨다. 지옥에서 그는 19개 악마군단을 지휘한다.

제4부 《고에티아》(《레메게톤》, 혹은 《솔로몬의 작은 열쇠》)의 72악마

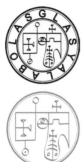

글라쉬아-라볼라스(Glasya-Labolas)

막강한 총관 겸 백작 글리쉬아-라볼라스는 그리핀처럼 날개를 가진 개를 닮았다. 모든 예술과 학문을 순식간에 가르칠 수 있는 그는 학살과 살인을 조장한다. 그는 모든 과거사와 미래사를 가르친다. 그가 바라기만 하면 친구들뿐 아니라 적들끼리도 사랑할 수 있게 할 수 있다. 그는 인간을 보이지 않게 만들 수 있다. 지옥에서 글라쉬아-라볼라스는 36개 악마군단을 지휘한다.

부네(Bune)

비메(Bime)나 빔(Bim)이라고 별칭되는 막강한 대공작 부네는 소환되면 개대가리, 그리핀대가리, 그리고 인간의 머리까지 세 개의 머리를 가진 용(龍; Dragon)의 모습으로 나타난다. 부네는 고성(高聲)으로 유창하게 말한다. 그는 묘지를 바꿔치고, 자신의 부하악마들을 인간들의 묘지에 소집한다. 그는 점지한 인간에게 재물을 몰아주고 지혜와 설득력을 부여한다. 소환술사의 요구들에 솔직히 응답하는 부네는 지옥에서 30개 악마군단을 지휘한다. 그의 봉인은 두 개이다.

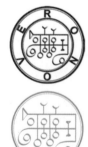

로노베(Ronove)

괴물처럼 생긴 로노베는 수사법을 능숙하게 가르치고, 근면한 하인들, 다양한 언어지식, 친구들의 은혜뿐 아니라 적들의 호의마저 제공한다. 후작 겸 대백작 로노베는 지옥에서 19개 악마군단을 지휘한다.

베리트(Berith)

강대하고 흉포한 공작(公爵)의 베리트라는 이름은 악마들을 지옥에 구금한 솔로몬 왕이 작명한 것이다. 베리트는 훗날에 인간들한테서 받은 두 가지 이름마저 겸비하는데, 베알레(Beale)나 베알(Beal)과 보프뤼(Bofry)나 볼프뤼(Bolfry)가 그런 이름들이다. 소환된 베리트는 붉은 군복을 착용하고 붉은 말을 타며 금관(金冠)을 쓴 군인의 모습으로 나타난다. 그는 과거, 현재, 미래의 일들을 솔직히 말해준다. 베리트를 소환하는 주술사는 벨레트를 소환할 때처럼 가운뎃손가락에 은반지를 착용해야 한다. 베리트는 모든 금속을 황금으로 변성시킬 수 있다. 그는 인간에게 위엄과 명예를 부여하고 보장할 수 있다. 베리트의 목소리는 매우 청명하고 미묘하다. 그는 굉장한 거짓말쟁이라서 신뢰받지 못한다. 지옥에서 그는 26개 악마군단을 지휘한다.

아스타로트(Astaroth)

막강한 공작(公爵) 아스타로트는 소환되면 오른손으로는 독사를 거머쥔 채로 용(龍) 같은 지옥짐승을 타고 다니는 고약한 천사의 모습으로 나타난다. 그의 숨결은 맹독성을 띠므로 소환술사는 그의 접근을 철저히 막아야 한다. 소환술사는 주술반지(magic ring)를 자신의 얼굴에 가까이 위치시켜야만 아스타로트의 접근을 저지할 수 있다. 아스타로트는 과거, 현재, 미래의 일들을 솔직하게 알려주고 모든 비밀을 밝힐 수 있다. 소환술사가 요구하면, 아스타로트는 악마들의 파멸뿐 아니라 자신의 파멸에 얽힌 사연들마저 신나게 설명해줄 것이다. 그는 인간들에게 모든 교양학문을 놀랍도록 깊이 있게 숙지시킬 수 있다. 지옥에서 아스타로트는 40개 악마군단을 지휘한다. 그는 자신의 봉인을 착용하지 않은 소환술사에게는 모습을 보여주지도 않고 복종하지도 않을 것이다.

・제 30 악마・

포르네우스(Forneus)

강대한 후작 포르네우스는 소환되면 거대한 바다괴물의 모습으로 나타난다. 그는 인간들에게 수사법을 가르치고 능통하게 숙지시킨다. 그는 인간들에게 명예를 안겨주고 방언들을 이해하는 지식을 제공한다. 그는 소환술사의 친구들뿐 아니라 적들마저 소환술사를 사랑하게 만든다. 포르네우스 휘하의 29개 악마군단에는 좌품천사 출신 악마들과 천사 출신 악마들도 소속되어 있다.

· 제 31 악마 ·

포라스(Foras)

강대한 총관 포라스는 소환되면 강력한 인간 남자의 모습으로 나타난다. 그는 논리학과 윤리학의 모든 것을 가르친다. 그는 바라기만 하면 인간들을 보이지 않게 하고 장수(長壽)할 수 있게 하며 유창하게 말할 수 있게 한다. 그는 보물을 발견할 수 있고 사멸한 것들을 복원할 수 있다. 지옥에서 그는 29개 악마군단을 지휘한다.

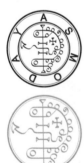

• 제 32 악마 •

아스모다위(Asmoday)

아스모다이(Asmodai)라고 별칭되는 막강한 대마왕 아스모다위는 머리 셋을 겸비했는데, 첫째머리는 황소대가리, 둘째머리는 인간의 머리, 셋째머리는 숫양대가리를 닮았다. 아스모다위는 뱀꼬리를 가졌고 입으로 화염을 분사할 수 있다. 거위의 양발처럼 그의 양발에도 물갈퀴가 달렸다. 그는 깃발이 달린 기병창을 한 손에 거머쥔 채로 지옥룡(地獄龍)을 타고 나타난다. 그는 동부마왕 아마위몬 휘하의 제1선봉장이기 때문에 다른 모든 악마를 선도한다. 아스모다위를 소환하기로 결심한 소환술사는 아스모다위를 소환해도 주술동심원 안으로 들이지 말고 그 악마에게 모자나 두건을 씌우고 두 발로 서서 모든 행동을 하도록 지시해야 한다. 왜냐면 그래야만 아마위몬이 아스모다위를 속여서 아스모다위의 모든 행동을 노출시킬 수 있기 때문이다. 그러나 소환술사는 머리 셋 달린 괴물의 모습으로 나타난 아스모다위를 보자마자 "그대가 아스모다위인가?"라고 말하면, 아스모다위는 아니라고 대답하지 않을 것이며, 나중에는 아스모다위가 땅바닥에 몸을 굽혀 소환술사에게 절할 것이다. 아스모다위는 역품천사들의 반지(Ring of Virtues)를 소환술사에게 넘겨준다. 그리고 그는 계산법, 천문관측기술, 기하학과 모든 수공예를 확실하게 가르친다. 그는 소환술사의 요구들에 충실히 응답한다. 아스모다위는 인간을 보이지 않게 할 수 있고 보물의 은닉처를 찾아서 알려줄 수 있다. 아마위몬의 악마군단에 소속한 아스모다위는 지옥에서 72개 악마 군단을 지휘한다.

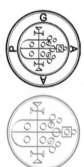

• 제 33 악마 •

가압(Gäap)

　태양이 남녘별자리들 중 어느 하나에 위치하면 소환될 수 있는 대총관 겸 대영주 가압은 인간의 모습으로 나타나는데, 그를 앞잡이로 삼아 사대마왕(四大魔王)이 뒤따라 나타난다. 가압의 소임은 인간들을 보이지 않게 하든지 인식되지 않게 하는 것이고, 철학과 모든 교양학문을 인간들에게 숙지시키는 것이다. 가압은 애욕이나 증오심을 유발할뿐더러 동부마왕 아마위몬의 영토에 속하는 것들을 신성시하도록 소환술사에게 가르칠 수 있다. 가압은 다른 주술사들의 관할을 벗어나는 친구들을 소환술사에게 제공할 수 있고, 과거와 현재와 미래의 일들을 솔직하게 모조리 알려줄 수 있다. 가압은 소환술사의 의지와 취향대로 인간들의 어느 왕국에서 다른 왕국으로 아주 빠르게 이동시켰다가 되돌려놓을 수 있다. 지옥에서 66개 악마군단을 지휘하는 가압은 타락하기 전에 능품천사였다.

푸르푸르(Furfur)

강대한 백작 푸르푸르는 불타는 꼬리를 가진 수사슴의 모습으로 나타난다. 그는 강요당하든지 삼각형으로 안에 갇히든지 하지 않으면 결코 진실을 말하지 않는다. 그가 삼각형 안에 갇히면 천사의 모습으로 변신할 것이다. 그는 말목소리(馬聲)를 내면서 말한다. 또한 그는 남녀를 서로 열애하도록 교묘하게 부추길 것이다. 그는 천둥번개와 폭풍우와 태풍을 발생시킬 수 있다. 그는 비밀들과 신성한 것들을 캐묻는 질문에 대답하라는 소환술사의 명령을 받으면 정직하게 대답한다. 지옥에서 푸르푸르는 26여개 악마군단을 지휘한다.

마르코시아스(Marchosias)

강대한 후작 마르코시아스는 소환되면 처음에는 그리핀날개, 뱀꼬리, 화염을 분사하는 주둥이를 겸비한 늑대의 모습으로 나타난다. 그러나 소환술사의 명령을 받으면 마르코시아스는 인간 남자의 모습으로 변신한다. 그는 강력한 싸움꾼이다. 한때 주품악마(제4급 악마)였던 그는 지옥에서 30개 악마군단을 지휘한다. 원래 솔로몬 왕의 신하였지만 타락하여 지옥에 구금된 그는 1,200년이 지나면 제7신하로서 복귀하겠다고 솔로몬에게 다짐했다.

스톨라스(Stolas)

스톨로스(Stolos)라고 별칭되는 막강한 영주 스톨라스는 소환되면 강대한 올빼미나 까마귀의 모습으로 나타지만, 얼마 후에 인간 남자의 모습으로 변한다. 그는 천문관측기술을 가르치고 약초들과 보석들의 효능을 알려준다. 지옥에서 스톨라스는 26개 악마군단을 지휘한다.

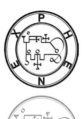

페넥스(Phenex)

페위닉스(Pheynix)라고 별칭되는 대후작 페넥스는 어린이의 목소리로 노래하는 피닉스(phoenix; 불사조)의 모습으로 나타난다. 소환된 페넥스가 아무리 감미롭게 노래해도 소환술사는 아랑곳하지 않고 페넥스에게 인간의 모습으로 변하라고 명령해야 한다. 그러면 페넥스는 소환술사의 요구대로 모든 굉장한 학문을 기막히리만치 훌륭하게 설명할 것이다. 페넥스는 탁월한 시마(詩魔)이다. 그는 소환술사의 요구들을 기꺼이 들어줄 것이다. 페넥스는 지옥에서 1,200년을 지낸 다음에 제7신하로서 복귀하겠다고 솔로몬 왕에게 다짐했다. 지옥에서 페넥스는 20개 악마군단을 지휘한다.

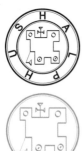

할푸스(Halphus) 또는 말투스(Malthus)

할파스(Halphas)나 말타스(Malthas)라고 별칭되는 대백작 할푸스는 소환되면 들비둘기(또는 황새)의 모습으로 나타난다. 그는 말목소리(馬聲)를 내면서 말한다. 그는 성탑(城塔)을 축조하고, 군수품과 무기를 조달하며, 전투원들을 지정된 장소로 파견한다. 지옥에서 할푸스는 26개 악마군단을 지휘한다.

• 제 39 악마 •
말파스(Malphas)

막강한 대총관 말파스는 소환되면 까마귀의 모습으로 나타나지만, 소환 술사의 명령을 받으면 인간의 모습으로 변하고 말목소리를 내면서 말한다. 말파스는 가옥을 건축하고 고탑(高塔)을 축조할 수 있으며, 적군의 욕심과 생각과 행실을 아군에게 알려줄 수 있다. 말파스는 유익한 친구들을 제공할 수 있다. 누구라도 말파스에게 제물을 바치면, 말파스는 제물을 흔쾌히 받으면서도 그것을 바친 자를 속여먹을 것이다. 지옥에서 말파스는 40개 악마군단을 지휘한다.

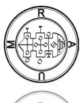

· 제 40 악마 ·
라움(Raum)

대백작 라움(Raum)은 소환되면 까마귀의 모습으로 나타지만, 소환술사의 명령을 받으면 인간의 모습으로 변한다. 그의 소임은 궁궐의 보물을 훔쳐서 (소환술사의 명령대로) 지정된 장소로 운반하고, 도시들을 파괴하며, 인간들의 존엄성과 명예를 실추시키고, 과거와 현재와 미래의 모든 일을 (소환술사에게) 일러주며, 친구들과 적들을 서로 사랑하게 하는 것이다. 타락하기 전에 좌품천사(제3급 천사)였던 라움은 지옥에서 30개 악마군단을 지휘한다.

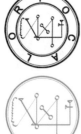

• 제 41 악마 •

포칼로르(Focalor)

포르칼로르(Forcalor)나 푸르칼로르(Fucalor)라고 별칭되는 막강한 공작 (公爵) 포칼로르는 그리핀날개를 가진 인간 남자의 모습으로 나타난다. 그의 소임은 인간들을 살해하고, 바다에 빠뜨려 익사시키며, 군함을 침몰시키는 것이다. 왜냐면 그는 바람과 바다를 뜻대로 부리는 마력(魔力)을 발휘할 수 있기 때문이다. 그러나 소환술사의 명령을 받지 않으면 포칼로르는 인간을 살상할 수도 없고 해난을 유발할 수도 없다. 포칼로르는 지옥에서 1,000년을 지낸 다음에 솔로몬 왕의 제7신하로 복귀하겠다고 다짐했다. 지옥에서 포칼로르는 30개 악마군단을 지휘한다.

베파르(Vepar)

베파르(Vephar)라고 별칭되는 강대한 공작(公爵) 베파르는 소환되면 인어(人魚)의 모습으로 나타난다. 그의 소임은 바다를 다스리고 군함의 항로를 결정하는 것이다. 소환술사의 명령을 받으면 그는 해상폭풍을 유발할 수 있고 일정한 해역에 함선들을 집결시킬 수 있다. 그는 인체에 생긴 상처나 염증을 곪게 하거나 해충을 불러모아서 인간을 사흘 만에 죽일 수도 있다. 베파르는 지옥에서 29개 악마군단을 지휘한다.

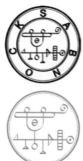

사브녹(Sabnock)

'사브녹(Savnok)'이라고 별칭되는 막강한 후작 사브녹은 백마를 타고 사자(獅子)대가리를 자닌 무장군인의 모습으로 나타난다. 그의 소임은 높은 성탑, 성채, 도시를 건설하고 무기를 조달하는 것이다. 그는 인간에게 상처를 입히고 염증을 일으키고 곪게 하여 해충들에게 먹이는 식으로 인간을 몇 날 며칠 동안 괴롭힐 수 있다. 사브녹은 소환술사의 요구를 받으면 유익한 친구들을 제공할 수 있다. 지옥에서 사브녹은 50개 악마군단을 지휘한다.

• 제 44 악마 •

샥스(Shax)

샤즈(Shaz)나 샤스(Shass)라고 별칭되는 대후작 샥스는 말목소리를 내면서 다소 미묘하게 말하는 두루미의 모습으로 나타난다. 그의 소임은 소환술사의 명령대로 남녀를 불문한 인간을 보이지 않게 만들거나, 인간의 밀어를 엿듣거나, 인간의 속셈을 간파하고, 궁궐에서 돈을 훔쳤다가 1,200년 뒤에 원래 자리로 되돌려놓는 것이다. 소환술사가 요구하기만 하면, 샥스는 궁궐에서 말(馬)뿐만 아니라 다른 물건도 훔쳐다줄 것이다. 그러나 소환술사가 샥스에게 도둑질을 요구하기 전에 먼저 샥스를 주술삼각형 안으로 들이지 못하면, 샥스는 소환술사를 속이면서 거짓말을 일삼을 것이다. 샥스는 은닉된 모든 것을 찾아낼 수 있지만 사나운 악마들의 소굴에 은닉된 것은 찾아내지 못한다. 그는 소환술사에게 이따금 유익한 친구들을 제공한다. 지옥에서 샥스는 30개 악마군단을 지휘한다.

· 제 45 악마 ·

비네(Vine)

비네아(Vinea)라고 별칭되는 대마왕 겸 백작 비네는 한 손으로 독사를 거머쥐고 흑마를 탄 사자(獅子)의 모습으로 나타난다. 그의 소임은 은닉된 것, 마녀, 마법사를 찾아내고 과거, 현재, 미래의 일들을 알리는 것이다. 비네는 소환술사의 명령을 받으면 성탑을 축조하고, 거대한 석조성벽을 파괴하며, 해상폭풍우를 일으킬 수 있다. 지옥에서 비네는 36개 악마군단을 지휘한다.

비프론스(Bifrons)

비프로우스(Bifrous)나 비프로브스(Bifrovs)라고 별칭되는 백작 비프론스
는 소환되면 괴물의 모습으로 나타지만, 소환술사의 명령을 받으면, 인간남
자의 모습으로 변한다. 비프론스의 소임은 점성술, 기하학, 기타 예술과 학문
들을 가르치는 것이다. 그는 보석들과 수목(樹木)들의 효능을 가르친다. 또한
그는 시체들과 무덤들을 바꿔칠 뿐 아니라 무덤들에 촛불처럼 보이는 귀신
불을 갖다놓기도 한다. 지옥에서 그는 60개 악마군단을 지휘한다.

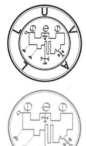

· 제 47 악마 ·

우발(Uvall)

부알(Vaul)이나 보발(Voval)이라고 별칭되는 막강한 공작(公爵) 우발은 소환되면 거대한 단봉낙타의 모습으로 나타지만, 소환술사의 명령을 받으면, 인간의 모습으로 변하고, 이집트어(語)로 말하지만 완벽하게 말하지는 못한다. 우발의 소임은 여자들의 애욕을 부추기고 과거·현재·미래의 일들을 (소환술사에게) 알려주는 것이다. 우발은 친구들과 적들끼리도 우애롭게 만들 수 있다. 타락하기 전에 능품천사였던 우발은 지옥에서 37개 악마군단을 지휘한다.

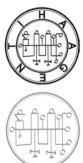

• 제 48 악마 •

하아겐티(Haagenti)

대총관 하아겐티는 소환되면 그리핀날개를 가진 거대한 황소의 모습으로 나타나지만, 소환술사의 명령을 받으면, 인간의 모습으로 변한다. 그의 소임은 인간들을 지혜롭게 만들고, 다양한 지식을 인간들에게 전수하며, 모든 금속을 황금으로, 술을 물로, 물을 술로 변성시키는 것이다. 지옥에서 우발은 33개 악마군단을 지휘한다.

크로켈(Crocell)

크로켈(Crokel)이라고 별칭되는 강대한 공작(公爵) 크로켈은 천사의 모습으로 나타나고 은닉된 것들을 때때로 신비하게 말한다. 그는 기하학과 교양 학문들을 가르친다. 그는, 소환술사의 명령을 받으면, 고막을 찢는 지독한 잡음을 일으켜 강대한 파도처럼 퍼뜨리지만 소환술사에게는 전혀 들리지 않게 한다. 크로켈은 물을 뜨겁게 데우고 온천을 찾아낸다. 솔로몬 왕에게 서약하고 구금되기 전에 크로켈은 능품천사였다. 지옥에서 크로켈은 48개 악마군단을 지휘한다.

푸르카스(Furcas)

기사(Kight) 푸르카스는 날카로운 무기를 거머쥐고 백마를 타며 기다란 수염과 백발을 기른 잔인한 노인의 모습으로 나타난다. 그의 소임은 철학, 점성술, 수사법, 논리학, 수상술(手相術: 손금보기), 불점술(火占術: Pyromancy)의 모든 분야를 가르치는 것이다. 그는 지옥의 20개 악마군단을 지휘한다.

· 제 51 악마 ·

발람(Balam)

발라암(Balaam)이라고 별칭되는 흉포하고 강대한 마왕 발람의 머리는 셋인데, 첫째머리는 황소대가리를 닮았고, 둘째머리는 인간 남자의 머리처럼 보이고, 셋째머리는 숫양대가리를 닮았다. 뱀꼬리와 이글거리는 두 눈을 겸비한 발람은 매(鷹)를 손등에 앉힌 채로 포악한 곰을 타고 다닌다. 말목소리를 내면서 말하는 발람은 과거와 현재와 미래의 일들을 정확하게 알려준다. 그는 인간들을 보이지 않게 할 수 있을뿐더러 재기발랄하게 만들 수도 있다. 그는 지옥의 40개 악마군단을 지휘한다.

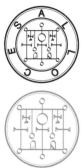

알로케스(Alloces)

알로카스(Alocas)라고 별칭되는 막강한 공작(公爵) 알로케스는 거대한 말을 타는 군인이나 전사(戰士)의 모습으로 나타난다. 그의 얼굴은 사자(獅子)의 얼굴을 닮았고, 시뻘건 안색을 띠며, 불길을 내뿜듯이 이글거리는 두 눈을 가졌다. 그는 말목소리를 내며 큰소리로 말한다. 그의 소임은 천문관측기술과 모든 교양학문을 가르치는 것이다. 그는 소환술사에게 유익한 친구들을 제공한다. 지옥에서 알로케스는 36여개 악마군단을 지휘한다.

카미오(Camio)

카임(Caim)이라고 별칭되는 대총관 카미오는 소환되면 개똥지빠귀의 모습으로 나타나지만, 날카로운 검을 손에 쥔 인간 남자의 모습으로 변한다. 그는 불타는 숯에나 잉걸불에 반응하는 듯이 보인다. 그는 뛰어난 논쟁꾼이다. 그의 소임은 모든 새의 지저귐, 황소들의 울음, 개들의 짖는 소리, 기타 동물들의 소리뿐 아니라 호수와 바다의 소리마저 인간들에게 이해시키는 것이다. 그는 미래사들을 정확하게 알려준다. 원래 제9급 천사였던 그는 지옥에서 30개 악마군단을 지휘한다.

· 제 54 악마 ·

무르무르(Murmur)

무르무스(Murmus)나 무르묵스(Murmux)라고 별칭되는 대공작 겸 백작 무르무르는 그리핀을 타고 공작관(公爵冠)을 쓴 전사의 모습으로 나타난다. 그는 커다란 나팔을 부는 부하 악마들을 앞세우고 나타난다. 그의 소임은 철학을 완벽하게 가르치고, 소환술사의 의문들에 답변할 만한 망령들을 소환술사 앞에 끌어와서 대령하는 것이다. 얼마간 좌품천사였고 또 한동안 제9급 천사였던 무르무르는 지옥에서 30개 악마군단을 지휘한다.

제4부 《고에티아》《레메게톤》, 혹은 《솔로몬의 작은 열쇠》)의 72악마

오로바스(Orobas)

막강한 대영주 오로바스는 소환되면 말(馬)의 모습으로 나타나지만, 소환
술사의 명령을 받으면 인간 남자의 모습으로 변한다. 그의 소임은 과거, 현
재, 미래의 모든 것을 찾아내고, 소환술사에게 위엄과 명예, 고위직책, 친구
들의 총애와 적들의 호의를 부여하는 것이다. 오로바스는 신과 창세에 관한
질문들에 솔직히 대답한다. 소환술사에게 충직하게 복종하는 오로바스는 다
른 여느 악마의 유혹에도 걸려들지 않도록 소환술사를 보호할 것이다. 지옥
에서 오로바스는 20개 악마군단을 지휘한다.

그레모뤼(Gremory)

가모리(Gamori)라고 별칭되는 막강한 공작(公爵) 그레모뤼는 거대한 낙타를 타고 여공작관(女公爵冠; Duchess's Crown)을 허리에 두른 인간 미녀의 모습으로 나타난다. 그레모뤼의 소임은 과거, 현재, 미래의 모든 것을 알려주고, 은닉된 보물들과 은닉처들을 알려주며, 처녀와 나이든 여자를 막론하고 모든 여자들의 애욕을 부추기는 것이다. 그는 지옥의 26개 악마군단을 지휘한다.

오세(Ose)

오소(Oso)나 보소(Voso)라고 별칭되는 대총관 오세는 소환되면 표범의 모습으로 나타지만, 얼마 지나지 않아 인간 남자의 모습의 변한다. 그의 소임은 교양학문들을 소환술사에게 숙련시키고, 신성한 것들과 비밀들을 정확히 알려주며, 소환술사의 요구대로 인간을 변신시키는 것인데, 그렇게 변신한 인간의 모습은 다른 여느 동물이나 사물이라도 가짜가 아닌 진짜라고 생각될 것이다. 오세는 지옥의 30개 악마군단을 지휘한다.

• 제 58 악마 •

아뮈(Amy)

아브나스(Avnas)라고 별칭되는 대총관 아뮈는 소환되면 활활 타는 화염의 모습으로 나타나지만, 잠시 지나면 인간의 모습으로 변한다. 그의 소임은 점성술과 모든 교양학문을 깊이 있게 알도록 가르치는 것이다. 그는 유익한 친구들을 제공하고, 악마들의 소굴에 은닉된 보물들을 위치를 누설할 수 있다. 지옥에서 아뮈는 36개 악마군단을 지휘한다.

• 제 59 악마 •

오리악스(Oriax)

오리아스(Orias)라고 별칭되는 대후작 오리악스는 막강한 말(馬)을 타고 뱀꼬리를 가진 사자(獅子)의 모습으로 나타난다. 그는 쉿쉿거리는 거대한 뱀 두 마리를 오른손으로 거머쥐고 있다. 그의 소임은 천문학과 점성술을 가르 치는 것이다. 그는 인간들을 변모시키고, 그들에게 명예와 명성을 부여하고 고위관직을 보장하며, 친구들의 우애와 적들의 호의를 안겨준다. 오리악스는 지옥에서 30개 악마군단을 지휘한다.

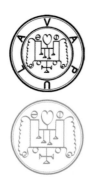

• 제 60 악마 •

바풀라(Vapula)

나풀라(Naphula)라고 별칭되는 강대한 공작(公爵) 바풀라는 그리핀날개를 가진 사자(獅子)의 모습으로 나타난다. 그의 소임은 인간들에게 모든 수공예와 직업을 숙련시킬뿐더러 철학과 각종 학문도 가르친다. 바풀라는 지옥의 36개 악마군단을 지휘한다.

자간(Zagan)

대마왕 겸 총관 자간은 소환되면 그리핀날개를 가진 황소의 모습으로 나타지만, 잠시 후에는 인간의 모습으로 변한다. 그는 인간들을 슬기롭게 만든다. 그는 술을 물로 변성시키고, 피(血)를 술로 변성시키며, 모든 금속을 소속지역의 주화(鑄貨)로 변화시킬 수 있다. 심지어 그는 바보들을 총명하게 변화시킬 수도 있다. 지옥에서 자간은 33개 악마군단을 지휘한다.

볼라크(Volac)

발락(Valak)이나 발루(Valu), 우알루크(Ualuc)라고 별칭되는 막강한 총관 볼라크는 쌍두룡(雙頭龍)을 타고 천사날개를 가진 어린이를 닮은 모습으로 나타난다. 그의 소임은 은닉된 보물들의 위치와 그것들을 지킬 뱀들의 위치를 정확히 알려주는 것이다. 그는 그런 보물을 찾으면 전혀 힘들이지 않고 소환술사에게 가져다줄 것이다. 지옥에서 볼라크는 38개 악마군단을 지휘한다.

안드라스(Andras)

소환되면 올빼미대가리 같은 머리를 가진 천사의 모습으로 나타나는 대후작 안드라스는 번쩍이는 날카로운 검(劍)을 거머쥔 채로 강맹한 늑대를 타고 다닌다. 안드라스의 소임은 알력과 분란을 조장하는 것이다. 소환술사가 조심하지 않으면, 안드라스는 소환술사뿐 아니라 그의 동료들마저 살해할 것이다. 지옥에서 안드라스는 30개 악마군단을 지휘한다.

하우레스(Haures)

하우라스(Hauras), 하브레스(Havres), 플라우로스(Flauros)라고 별칭되는 대공작 하우레스는 소환되면 포악하고 막강한 표범을 닮은 모습으로 나타나지만, 소환술사의 명령을 받으면, 불길을 내뿜는 이글거리는 두 눈과 가장 무시무시한 외모를 겸비한 인간의 모습으로 변한다. 하우레스는 소환술사에게 과거, 현재, 미래의 모든 것을 정직하게 알려준다. 그러나 주술삼각형 안으로 들어가라는 명령을 받지 않은 하우레스는 이 모든 것을 거짓으로 말하면서 소환술사를 속이고 농락할 것이다. 주술삼각형 안에 들어선 하우레스는 창세의 전말, 신의 전모, 지옥으로 추방된 하우레스 자신과 다른 악마들의 사연을 솔직하게 설명할 것이다. 소환술사가 바라면, 하우레스는 소환술사의 적들을 괴멸시키고 불태워버릴 것이다. 그리고 하우레스는 소환술사를 다른 악마들의 유혹에 걸려들지 않도록 보호할 것이다. 지옥에서 하우레스는 36개 악마군단을 지휘한다.

안드레알푸스(Andrealphus)

강대한 후작 안드레알푸스는 소환되면 굉장히 시끄럽게 울어대는 공작새의 모습으로 나타지만, 얼마 후에는 인간의 모습으로 변한다. 그는 기하학을 완벽하게 가르칠 수 있고, 인간들을 영악하게 만들 수 있으며, 측량술에나 천문학에 부속하는 모든 것을 인간들에게 숙지시킬 수 있고, 인간을 새(鳥)와 흡사한 모습으로 변신시킬 수 있다. 지옥에서 안드레알푸스는 30개 악마 군단을 지휘한다.

72악마의 명단

• 제 66 악마 •
키메제스(Cimejes)

키메이에스(Cimeies)나 키마리스(Kimaris)라고 별칭되는 강대한 후작 키메제스는 멋들어진 흑마를 타고 용맹한 전사의 모습으로 나타난다. 그는 아프리카의 모든 악마를 통솔한다. 그의 소임은 문법, 논리학, 수사법을 완벽하게 가르치고, 망각되었거나 은닉된 것들과 보물들을 찾아내는 것이다. 지옥에서 키메제스는 30개 악마군단을 지휘한다.

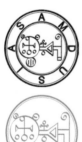

암두시아스(Amdusias)

암두키아스(Amdukias)라고 별칭되는 강대한 공작(公爵) 암두시아스는 소환되면 유니콘[6]을 닮은 모습으로 나타나지만, 소환술사의 명령을 받으면, 인간의 모습으로 변하여 나팔과 온갖 악기를 연주하는데, 그렇게 변하자마자 곧바로 악기를 연주하는 것은 아니다. 그는 소환술사의 의지대로 나무들을 굽히거나 다른 방향으로 기울게 만들 수 있다. 탁월한 친구들을 제공할 수 있는 암두시아스는 지옥에서 29개 악마군단을 지휘한다.

---

6)【Unicorn: 이마에 솟은 외뿔을 가진 말(馬)처럼 생긴 전설적 동물로서 일각수(一角獸)나 일각마(一角馬)라고 번역될 수 있다.】

벨리알(Belial)

　　루키페르 다음으로 창조된 마왕 벨리알은 소환되면 처음에는 화염전차 (火焰戰車)에 앉은 아름다운 두 천사의 모습으로 나타난다. 유려한 목소리로 말하는 그는 타락하기 전에는 미카엘(Michael)처럼 고귀한 천사들의 일원이 었다고 주장한다. 벨리알의 소임은 설명회와 이사회 같은 회의들을 진행시 키고, 친구들의 우애를 돈독히 하며 적들의 호의를 유발하는 것이다. 뛰어난 친구들을 제공하는 벨리알은 지옥에서 80개(정확하게는 30개 아니면 50개) 악 마군단을 지휘한다. 마왕 벨리알은 자신에게 제사, 제물, 공물을 바치지 않 는 소환술사에게는 진실을 알려주지 않을 것이다. 그러나 신력(神力)에 속박 된 벨리알은 한 시간을 참지 못하고 진실을 실토할 것이다.

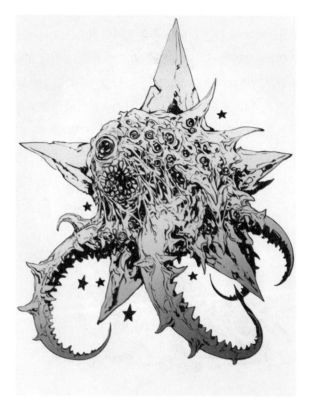

데카라비아(Decarabia)

소환되면 별에 내속한 별(星內星)의 모양으로 나타는 데카라비아는 소환
술사의 명령을 받으면 인간 남자의 모습으로 변한다. 이 악마의 소임은 새
(鳥類)들의 능력과 보석들의 효능을 발견하고, 새를 닮은 모든 것을 소환술
사 앞에서 자연의 새들처럼 날면서 지저귀고 물마시게 하는 것이다. 지옥에
서 30개 악마군단을 지휘하는 데카라비아는 대후작을 자처한다.

세에레(Seere)

세아르(Sear), 세아(Sea), 세이르(Seir)라고 별칭되는 막강한 영주 세에레는 동부마왕 아마위몬의 신하이다. 소환된 세에레는 날개달린 말(馬)을 탄 인간 미남의 모습으로 나타난다. 그의 소임은 모든 곳을 오가면서 많은 것들을 순식간에 운반하여 전달하는 것이다. 세에레는 눈 깜박할 새에 지구를 한 바퀴 돌 수 있다. 그는 모든 도난품, 은닉된 보물, 기타 많은 물건의 행방을 정확하게 알려준다. 공평무사하고 선량한 성정을 타고난 그는 소환술사의 모든 요구를 흔쾌히 들어준다.

• 제 71 악마 •

단탈리온(Dantalion)

강대한 공작(公爵) 단탈리온은 모든 인간 남녀의 얼굴들과 다양한 외모들을 겸비하는 인간 남자의 모습으로 나타난다. 그의 오른손에는 책 한 권이 들렸다. 그의 소임은 누구에게나 모든 예술과 학문을 가르치고, 누군가의 내밀한 의견을 밝히는 것이다. 왜냐면 단탈리온은 모든 남녀의 생각들을 빤히 알아서 그것들을 뜻대로 바꿔칠 수 있기 때문이다. 단탈리온은 애욕을 유발하고, 여느 인간의 모습으로 변신할 수 있으며, 인간들의 이상향을 인간들의 꿈속에서 실현시켜줄 수 있다. 지옥에서 단탈리온은 36개 악마군단을 지휘한다.

안드로말리우스(Andromalius)

　강대한 백작 안드로말리우스는 손으로 거대한 뱀을 거머쥔 인간 남자의 모습으로 나타난다. 그의 소임은 도둑의 발길을 돌리며 도난품을 원래 자리로 돌려놓고, 모든 악의와 음모를 밝히며, 모든 도둑과 여타 범죄자들을 징벌하고, 은닉된 보물들을 찾아내는 것이다. 지옥에서 안드로말리우스는 36개 악마군단을 지휘한다.

데모니쿠스

초판 1쇄 발행 | 2025년 2월 10일

지은이 | 데이빗 매슨 외

옮 김 | 김성균

편 집 | 박일구

디자인 | 김남영

펴낸이 | 강완구

펴낸곳 | 도서출판 써네스트   **브랜드** | 우물이있는집

출판등록 | 2005년 7월 13일 제2017-000293호

주 소 | 서울시 마포구 양화로 56, 1521호

전 화 | 02-332-9384   **팩 스** | 0303-0006-9384

홈페이지 | www.sunest.co.kr

ISBN 979-11-94166-46-7(03290) 값 30,000원

 우물이있는집은 써네스트출판사의 인문브랜드입니다